Sylvia van Wijhe

Wijhssagungen

AF138952

Sylvia van Wijhe

Wijhssagungen

Meinungen, Deinungen,
Ihrungen und Wirungen eines
ganz normalen Lebens

Bibliografische Information der Deutschen Nationalbibliothek:
Die Deutsche Nationalbibliothek verzeichnet diese Publikation in der
Deutschen Nationalbibliografie; detaillierte bibliografische Daten sind
im Internet über http://dnb.dnb.de abrufbar.

2. ergänzte Auflage 2016
© 2014 Sylvia Marlene Ineke van Wijhe

Umschlagbild: Sylvia Marlene Ineke van Wijhe
Satz: Sylvia Wagner

Herstellung und Verlag: BoD – Books on Demand, Norderstedt
ISBN 978-3-7386-4630-6

Dieses Buch widme ich meinem Freund Henning, ohne den viele dieser Worte unausgesprochen geblieben wären. Der Stock wird noch lange schwimmen.

Inhalt

Statt eines Vorwortes: Über das Leben

Das Leben, was ist das? Darüber haben sich schon viel begabtere Leute die Köpfe zerbrochen, von Adorno bis Wittgenstein (ich hätte an dieser Stelle furchtbar gern einen Philosophen mit „Z" angeführt, das hätte ungemein elegant-belesen gewirkt. Leider kenne ich keinen). Ergebnis: Dutzende, wenn nicht gar hunderte mehr oder weniger verständlicher Erklärungen für diese herrliche, unvergleich-liche Melange aus Irrungen und Wirrungen, Plänen und glücklichen Zufällen, Mitstreitern und Widersachern. Wer wäre ich, in dieser Liga mitboxen zu wollen? Andererseits: Hallo, ihr Philosophen, ich besitze etwas, das mich zum Mit-reden berechtigt, nämlich mein eigenes Leben! Statt Er-Klärungen setze ich auf das Er-Leben, Er-Fassen und, bisweilen, Er-Gern. Denn auch das ist Leben: Von den kleinen Dingen um einen hingerissen sein, ihnen zu erlau-ben, sich hinreißen zu lassen! Und wenn man schon Träume aufschreiben soll, weil irgendjemand mal gesagt hat, das sei dolle wichtig, warum dann nicht auch dieses Sammelsurium kleiner Kostbarkeiten und Kunstwerke, das sich „Leben" nennt und nur allzu oft im Unbewussten versinkt. Darum: Willkommen, Welcome, Bienvenu zur Sammlung meiner kleinen Skurrilitäten, Gedanken, Ansichten, Rückblicke, durchsetzt mit den Gedichten, die mir unweigerlich durch den Kopf rauschen, willkommen im Post-it-Haufen meines Lebens!

Gedichte

Leerer Stoß Papier

Heut bin ich ein leerer Stoß Papier
heb mich auf, schreib auf mir!
Lass mich deine Geschichten tragen
will sie allen Lesern sagen.

Alles was da vorher stand
war nichtig, wertlos, alter Tand!
Komm, schlag eine neue Seite auf
und schreib "ich liebe Dich" darauf.

Schreib mit dickem fetten Edding
die Überschrift "White Wedding"!
Dichte weiter, so kann es nicht bleiben
der Rest ist noch zu schreiben!

Heut bin ich ein leerer Stoß Papier
morgen ein volles Buch vor dir
füll mich aus, von jetzt auf immer
das Leben ist ein Lesezimmer!

Lass die Schmetterlinge fliegen!

Zu den Schmetterlingen in deinem Bauch
kann ich nur sagen: Ich fühle sie, habe sie auch

lass die kleinen Falter los, lass sie fliegen
sie werden überleben, werden siegen

über Dunkelheit und Wind und Regen
bis sie sich zur Ruhe legen

und ganz gewiss treffen sie dort auch
die Schmetterlinge aus meinem Bauch!

Sturmvogel

himmlisch bleigrau drückt es
ein prüfend Blick, dort oben
knapp unter diesem dichten Deckel
schießt er voran, der Vogel

schießt voran in Richtung Meer
folgend alten, unsichtbaren Wegen
grüß mir, Bote, grüß mir dort
das lichterblaue Leben

der Sturm, er mag dich zehren
doch weiß ich, Vogel, was du denkst
der Aschenhimmel ist nicht endlos
das ist, wohin dein Weg dich lenkt

meine Sehnsucht schick ich mit dir
denn sie wiegt dir nichts dort oben
ich dagegen bleib gebunden
zu gerne wär ich mitgeflogen

Gewitter

dräuend ziehen drachenschwarze Wolken
knisterzischelnd heißer Wind
unter regenschwangrem Himmel
fegt kassandrarufend Laub dahin

grummelgrollend fernem Donner
folgen zornig Tobeschauer
peitschenknallend Prasselregen
schwillt schäumend Bach und Auen

lichtgezackt ziehn Himmelsfeuer
gleißendgrell geschwind hinab
krachendspaltig reißt der Himmel
ringend mit der Wettersmacht

schließlich flauend finsterfauchend
weicht es stetig Stück um Stück
Erde atmet zauderzagend
dampfendheiß bleibt sie zurück

Regina magna

Gespannt lausche ich den Worten
meiner Königin, der Stille

Stille ist ein leeres altes Haus
das auf seinen Einsturz wartet
ist ein weißer Winterteppich
auf einer weiten starren Steppe

Stille ist überall da
wo wir nicht sind
man muss sie nicht erzeugen
sie ist da, wenn man den Lärm wegnimmt

Sie ist so gnadenlos
majestätisch und weit
und wenn es einen Gott gibt
so ist er weise
nicht zu sprechen

Spielanleitung

Wer bin ich?
sieh mich an
reib dich dran
denk mal nach
und dann mach
auch was draus
Katz und Maus
ich bin hier
spiel mit mir!

Atemlos!

Atemlos, du machst mich atemlos!
Wie machst dus nur, wie geht dein Zauber?
Dass ich dir folge, auf Treu und Glaube?
Dass ich das Blatt in deinem Wind bin?
Dass du mich Sehen machst, gleichwohl ich blind bin?

Atemlos, du machst mich atemlos!
Wie kannst dus wagen, frei von allen Strafen?
Mir heißes Blut und wilde Träume machen?
Mir Fassung und Beherrschung stehlen?
Mir dann Dinge schenken, die mir so fehlen?

Atemlos, du machst mich atemlos!
Wie planst du planlos deine Züge?
Ich bin nicht frei, bis ich bei dir liege
Ich bin nicht mehr als ein Hauch und apropos:
Ich bin nur noch eines – atemlos!

Von absoluter Schönheit

Hast du es schon erlebt, dieses Gefühl?
Vor absoluter Schönheit zu stehen
etwas Atemberaubendes zu sehen
des Greifbaren schier zu viel?

Du stehst da, hast die Zeit vergessen
wenn es dir die Tränen treibt
dein Atem stehen bleibt
hast kein Maß, um es zu messen

Unirdisch, entrückt und doch zum Greifen nah
ängstlich, es nur zu berühren
Halleluja! So etwas zu spüren
dies Gefühl, als ich in deine Augen sah.

(Beim Anblick eines Gemäldes in Florenz)

Luci Lontane III

Hoffnung ist
ein fernes Licht
blinkt auf, erlischt
erreichst es nicht
kalt ist die Nacht
so dunkel, so frei
bist du allein
wünsch dir
einen Stern herbei
lass dich leiten
verzage nicht
Hoffnung ist
ein fernes Licht

Ich wiederhole mich

Ich wiederhole mich
Ein lebendes Repeat
Als ob nichts anderes geschieht

Alles Schöne ist endlich
Und ists auch wohl verständlich
Frag ich mich doch, weshalb
Verharrt das Öde dergestalt?

Ich wiederhole mich
Ein stetes Déjà-vu
Egal, wie sehr ich mich bemüh

Wie brech ich aus dem Schema aus
Und finde etwas Neues raus?
Wie gelang es all den andren
Die neue Horizonte fanden?

Ich wiederhole mich
Immer wieder Replicare
Egal wie weit ich fahre

Es muss doch mal etwas passieren
Bevor ich meine Kraft verliere
Wann ist es endlich mal vorbei
Wann endet dieses Einerlei?

Ich wiederhole mich
Nichts als Repetitión
Langsam nervt es schon

Hast du es denn nicht auch schon satt?
Brechen wir doch auf, anstatt
Zu warten, bis die Zeit verrinnt
Und dann gar nichts mehr beginnt

Bonjour Tristesse

Heute bin ich unglücklich
nicht schlimm, lass mich einfach mal drin baden
den ganzen Weltschmerz auf mich laden

Reihum geht der dunkle Kelch
heut bin ichs halt, die ihn trägt
bis Tristesse wen anderes erschlägt

Krieche unter meine Kuscheldecke
doch keine Angst, dass ich mich nicht erhol
gibt keine Spannung ohne Minuspol

Heute bin ich unglücklich
und lass mich hängen, das mag sein
doch hinter Hängen, morgen, winkt der Sonnenschein

Der „Make everything ok"-Button

Ich habe einen Knopf gedrückt
und jetzt ist wieder alles richtig
das Blau am Himmel ist zurück
das Grau, es war nur flüchtig!

Wie konnt' ich das denn nur vergessen
die Lösung war doch sonnenklar
wie konnten wir uns so verletzen
wo die Rettung lag so nah!

Jetzt wächst es wieder schnell zusammen
und wir lächeln uns aufs Neue an
vorbei sind all die dummen Dramen
komm, ergreif jetzt meine Hand!

Du musst nicht selber nochmal drücken
einmal reicht dafür durchaus
sag mir nur aus freien Stücken
sag mir nur, dass du dran glaubst!

Das Klingelschild am Jüngsten Gericht

Drück mich, Klingeling!
Ich künde meinem Herrn von deinem Kommen
hast den langen Weg genommen

Ich übersetze deinen Wunsch
in – Dingdong – simple Sprache
auf dass Er lausche deiner Sache

Hier wartet jeder auf sein Los
und stützt sich stark auf schwache Beine
ich für meinen Teil warte auf das Deine

Nun lächle artig, ich höre Schritte
und, um zu deinem Ende zu gelangen
was es auch sei, es wird Dich empfangen!

Lass mich

Ja, hast du da noch Worte?
Lass mich, lass mich, lass mich!
Lass mich sie dir im Munde drehn
sollst gar sprachlos vor mir stehn

Ja, bist du noch bei Sinnen?
Lass mich, lass mich, lass mich!
Lass sie mich geschwind betören
sollst nur mich noch sehn und hören

Ja, weißt du noch wo's langgeht?
Lass mich, lass mich, lass mich!
Lass mich dich im Kreise drehen
sollst nicht zu weit von mir gehen

Ja, hast du sie noch alle?
Lass mich, lass mich, lass mich!
Lass mich dein ein und alles sein
sollst alles haben von uns zwein

Ja, hast du noch alle Tassen im Schrank?
Lass mich, lass mich, lass mich!
Lass mich stellen die meinen dazu
sollen fortan leben, ich und du!

Piratenschatz

Ich bewahr' mir meine Schätze
grab sie ganz tief in mir ein
im Laufe des Piratenlebens
finden sich ganz viele ein

Wenn der Sturm mich kreisum weht
ist mir das nur recht, ich kann
so stolpern über alte Schätze
grab sie aus und freu mich dann

Unter dem Ebenholzmond

Nacht senkt seidenschwarze Schatten
bettet sacht den Ebenholzmond
dunkler Trost den Müden und Matten
allem, was unter ihm wohnt.

leise lichterfunkelnd Firmament
liegt unerreichbar in der Ferne
wie lichte Nadeln brennt
das Meer der stillen Sterne.

barmherzig kühlt die Nacht
süßen Schmerz und salzige Wunden
pflegt und lindert mit Bedacht
jetzt, in diesen Ebenholzstunden.

kletterschleichend Katzenpfoten
huschen über Dächerwelten
frei von Zwängen und Verboten
wem mag der Katze Lied wohl gelten?

Rasch! Öffne dein durstiges Herz
noch vor der Glocke Morgenschlag
häng ihn um, den schwarzen Nerz
nur allzu schnell wird wieder Tag.

Kerze und Spiegel

Kerze und Spiegel
Brief und Siegel
Küste und Meer
König und Heer

keins kann ohne das andre
eins ist die Kraft und eins ist die Bande
zu bündeln, zu leiten, zu reflektieren
vergrößern, verändern, illuminieren

heut bin ich dies, und morgen das
entscheidend nicht wie, sondern nur was
so stehen wir, ist es uns lieber
Seite an Seite und doch gegenüber

uns erleuchtend statt blendend
uns gegenseitig erfindend

Kerze und Spiegel
Pferd und Zügel
Gedanke und Tat
Wagen und Rad

was bist du, und was bin ich?
ein Blatt Papier und ein Gedicht

Die dunklen Stunden

Die dunklen Stunden
Momente auf Eis
so fern das Erwachen
so weit weg die Zeit

ich teile sie mit dir
die Tiefen in mir
die jetzt grad erwachen
im nachtschwarzen Hier

auf dem Tableau liegt die Seele
im Schleier der Nacht
vorbei ist der Zauber
wenn der Tag erst erwacht

lass uns genießen
was im Dunkel nur wächst
wir werden bewahren
was der Tag dann zerfetzt

Aus Holz sein

Warum ich manchmal aus Holz bin
Worauf ich nicht sehr stolz bin

Das ist die wichtige Frage
An diesen wichtigen Tagen

Weil Holz nicht bluten kann
Wie man leicht vermuten kann

Will ja anders, geht nur nicht
Trifft auch andre, nicht nur mich

Also hab Geduld mit mir
Und suche keine Schuld bei mir

Auf diese Frage läuft das Ganze
Wann wird das Holz denn wieder Pflanze?

Momente

Momente lang
Glück verspüren

Momente lang
deine Wärme spüren

König sein, nur einen Moment
ein Punkt in der Zeit

die Spitze des Berges
die Freude im Leid

Momente sind Funken
wenn Kometen fliegen

das, was bleibt,
wenn Ewigkeiten versiegen.

Kampfansage II

Heiß und hell

so will ich brennen

gleißender als Licht

Dunkelheit, lerne mich kennen

fürchten, fürchten sollst du mich!

Feuertanz!

Glutworte
fauchend fegen
Flammenzungen
Funkenregen

Aschenglosen
gleißend Glanz
Knisterknacken
Feuertanz!

Lohen lecken
heiß verzehrend
Brand entfachend
mich verführend

Statt Blumen

Ich sag dir viel zu selten "Ich liebe Dich"
wirklich, ich sollte es viel öfter sagen
statt mich mit andren Dingen abzuplagen

Ich sag dir viel zu selten "Du bist mir wichtig"
dabei solltest du es ständig hören
doch immer wollen andre Dinge stören

Nicht oft genug sag ich, wie froh ich bin
dass du bei mir bist, wie wichtig
ist mir das, und andre Dinge nichtig

Ich sag es alles schon, nur nicht oft genug
und es scheint ein alter Spruch zu gelten
was selbstverständlich ist, sagt man zu selten

Wenn du lachst

Ach, es gibt so viele schöne Lieder
manche bleiben, manche gehen wieder
sie haben Charme, sie haben Macht
doch das schönste Lied ist, wenn du lachst!

Ein Pfau mit seinem Schmuckgefieder
gibt sich alles andere als bieder
gerne zeigt er seine grandiose Pracht
doch am schönsten bist du, wenn du lachst!

Die Nordsee hämmert an die Buhne
es plätschert leis' in der Lagune
Wasser wogt mal kräftig und mal sacht
doch wie bin ich dir gewogen, wenn du lachst!

Ein Zauberer zieht aus dem Hut Kaninchen
Ein Voodoo-Hexer opfert ständig Hühnchen
doch hast du einmal nachgedacht
wie du mich verzauberst, wenn du lachst?

Man kann so viele Dinge wollen
streben, leben, aus dem Vollen
ich will nur eines und das tags wie nachts:
ich will nur eines: Dass du lachst!

Wie blendend das Licht

wie blendend das Licht
wie gleißend der Strahl
wie funkelnd der Stern
wie hell der Kristall

so heiß traf die Liebe
so warm ists in mir
so kochend das Blut
so schmelz ich in dir

die Asche zu Leben
das Feuer zu Macht
die Ketten zu sprengen
hat Liebe geschafft

wie blendend das Licht
wie lieb bist du mir
soweit Füße tragen
so find ich zu dir

Orchidee

Ein Gedicht würd' ich dir so gern schreiben

doch meine zarte Kreativität

steckt wie eine schöne Orchidee

hinter einer fingerdicken Scheibe

Die Drinnenwelt

Willkommen in der Drinnenwelt
hier sammelt sich, was drinnen zählt
alles, was dir draußen fehlt
Refugium der eignen Macht

für den Fall, dass dir sonst nichts bleibt

Mag die Welt um dich auch toben
dumm sein, korrupt und Götzen loben
nichts erreicht dich hier, hoch oben
das letzte Bollwerk vor der Nacht

für den Fall, dass du dich verteidigen musst

Doch was dort landet, wähle behutsam aus
was einmal drin , kommt nie mehr raus
richte dich gut ein in deinem Haus
und auch an Schlüssel sei stets gedacht

für den Fall, dass du dich aussperrst

wie, was heißt hier Schlüsseldienst?

Der Ruck

Die permanente Aufbruchsstimmung
Schlägt uns im Nu entgegen
Sobald wir einen Sender suchen
Sobald wir eine Zeitung lesen

Ein Ruck muss durch das Land gehen
So wurde uns gesagt
Es wird sich was verändern
Von jetzt an, jeden Tag

Reformstau, das war gestern
Wir habens ja gehört
Doch frag ich, was soll nur werden
Wenn aus vielem Rucken Zappeln wird?

Kalendarium

Geschichte ist ein Fluss, der in uns fließt
eigner Acheron, in dem wir zu ertrinken drohn

Hekates vergessene Kinder
Blätter auf dem Kalender

Herbstlaub im Zeitenwald
so enden wir alle bald

so du, so ich
Kalender, unser aller Zuversicht

Mich verkriechen

Dies sind Tage,
da ich mich verkriechen möchte
mich vergraben und verlieren möchte

aus den Augen, aus dem Sinn
träge fließt die Zeit dahin

in meinem kleinen dunklen Loch
tut es nicht mehr weh, jedoch

wie soll ich so nach Hause kommen?
Wo ich mir selbst die Sicht genommen?

Es fehlt die Kraft, jetzt aufzustehen
nach oben, vorne, drüber weg zu sehen

Kommt denn keiner, der mich ausgräbt?
Damit die kleine Blume wieder auflebt?

Wer kann mir sagen,
es ist nicht alles nur zunichte

An Tagen,
da ich mich verkriechen möchte?

In einem dunklen Keller, vor einer kleinen Kerze (Luci Lontane V)

Brenn, kleines Lichtlein, brenn!
Sag, dass es nicht zum Schlechten steht
dass es irgendwie noch weiter geht

Tröste mich mit deinem Schein
flöß mir etwas Wärme ein
Du, das wär echt lieb von dir
bevor ich mir das Herz erfrier

Kurzes Kerzenleben, darf ich mich erdreisten?
Doch dafür will ich dir Gesellschaft leisten
so flackre munter, kurzer Docht
sag am Ende, wir haben uns gemocht

Halt mich über Wasser, kleines Feuer
klingt paradox, nicht wahr? Wie teuer
bist du mir, wie segensreich in dieser Nacht
wie gut, dass ich an Dich gedacht

Drum brenn, kleines Lichtlein, brenn!
Du scheinst es gut mit mir zu meinen
sei mein Freund, sonst hab ich keinen

Agonie

Agonie ist keine Pflanze
obwohl sie feste Wurzeln schlägt
sie gräbt sich ein als Ganzes
bis nichts mehr in dir lebt

Agonie ist auch kein Name
obwohl man sie doch nennen kann
im Gegensatz zur alten Dame
peitscht sie dich voran

Agonie ist nicht Französisch
doch die Vokabel lernst du schnell
wünsch dir nur, du wärst amnesisch
doch es hilft nicht aktuell

Agonie ist auch kein Holz
doch es gibt nen prima Knüppel
treibt dir Dellen in den Stolz
schlägt dich hinterrücks zum Krüppel

Agonie ist eine Bestie
sie saugt dir all dein Leben aus
dann zertritt sie deine Reste
und kehrt sie mit dem Besen raus

Steine werfen

Ich habe einen Stein geworfen
Sieh her, sieh, wie er fliegt!
die stumme Taube
Sieh her, sieh, wie ich sie pflanze!
die stille Blume

Ich habe einen Stein geworfen
hörst du? Hörst du ihn ins Wasser klatschen?
unter dieser Brücke
Hörst du? Hörst du wie er zur Ruhe kommt?
unter dem murmelnden Bach

Ich habe einen Stein geworfen
Weißt du es? Wieviel Steine schon hier liegen?
Einer mehr in jedem Jahr
Weißt du es? Wieviele noch kommen werden?
bis das Versprechen erfüllt ist

Ich habe einen Stein geworfen
Hab ichs dir gesagt? Gesagt, dass ich traurig bin?
An diesem Tag
Hab ichs dir gesagt? Gesagt, dass ich mehr nicht tun kann?
Doch es fühlt sich richtig an

Für Simonetta
la mia fiore di roccia

Steine werfen (Originalfassung)

Ich werfe einen Stein in den Fluss
Weil du mich darum gebeten hast
„Denkst du an mich, wenn du ihn wirfst?"
Natürlich tue ich das, und ich tue es seit Jahren
als ob es eines Steines bräuchte, um an Dich zu denken
deine Steine liegen alle da unten, auch wenn du nicht mehr
bist
und sie werden es noch lange tun, lange auch nach mir
haben wir uns damit ein Denkmal gesetzt, eines nur für uns
zwei?
Ich sehe von der Brücke hinab in das rauschende Wasser
wie viele Steine anderer mögen da liegen?
Wartend, dass ein Teil ihres Besitzers vorbeirauscht.
Nur um wieder im großen Meer zu münden
Der Große da, ist es der vom letzten Jahr?
Nein, da lag doch ein eckiger Roter daneben
zwecklos, ich werde sie nicht wieder finden
und doch sind sie da, so wie du da bist, auch wenn ich Dich
nicht sehe
Ich werfe einen Stein in den Fluss
das ist alles was ich tun kann.

Kalte Asche

Berühren wollt' ich sie, die heiße Glut
doch greif' ich nur noch kalte Asche jetzt
hernach, da weiß ichs gut
der hellste Brand verlöscht zuletzt

Cold ashes

To touch the embers I wanted badly
but cold ashes I'm grasping now
from this day on how well I know
what burns this hot becomes reduced so sadly

Antithese(us)

Millionenfache Ariadne
millionenfacher Theseus
Millionen Fäden
gespannt für die Flucht
aus Millionen Labyrinthen
und du bist der Idiot
der darüber stolpern muss.

Richten wir es anders ein!

Weiß ich, ob hier Adler flogen?
Unter sonnenweitem Blau
Oder waren hier schon immer
Nur Winterkrähen unter schwerem Grau?

Richten wir es anders ein!
Sag, willst du mein Adler sein?

Weiß ich, ob hier Blumen wuchsen?
Auf sommerbunter Aue
Oder war hier immer frosterstarrter Acker
Ringsherum, soweit ich schaue?

Richten wir es anders ein!
Sag willst du die Blume sein?

Weiß ich, ob hier wilde Bäche flossen?
Leben sprudelnd ohne Ruh
Oder deckte immer Eises Kruste
Alles muntre Leben zu?

Richten wir es anders ein!
Sag, willst du mein Wildbach sein?

War es denn schon immer Winter?
Ich erinnere mich nicht
Oder gab es etwas anderes
Als Frost, der unsre Herzen bricht?

Komm, lass es etwas andres sein
Ich lass dich auch in meine Welt hinein!

Kein Baum, kein Strauch

Kein Baum, kein Strauch
kein Schnitt, kein Lauch

nicht Fleisch noch Fisch
nicht knack noch frisch

Ach und Weh
Neu und Schnee

an und für sich
nur für Dich

Crossroad Blues

Ein Scheinwerferpaar
es ist mir ganz nah
doch die Maske aus Licht
zeigt den Menschen mir nicht

Mann oder Frau?
Wie alt genau?
Kinder zuhaus?
Auf Karriere aus?

Stehst du öfter hier?
Seh ich dich nie wieder?
Schaust du auch rüber zu mir?
Bist du auch noch so müde?

Scheinwerfer und Menschen
haben eines gemeinsam
sie bilden oft Paare
und sind meistens doch einsam

Grün, ich muss weiter!
Dein Rücklicht wird kleiner
komm mir gut an
dein Weg war nicht meiner

Hast mich bestimmt nicht gesehn
oder suchtest du gar
an dieser Winterkreuzung
ein andres Scheinwerferpaar?

Erster Schnee, eine Winterelegie oder Epitaph eines Schneemannes

Der Tag des ersten Schnees
ist der Tag, an dem mein Gemüt Kapriolen schlägt
als ob sie etwas verbrochen hätten.

Ich schaue aus dem Fenster
auf die schüchternen Flocken
und könnte ihm schreiben,
über Gerechtigkeit philosophieren

ein schnulziges Buch lesen, oder ähnliches tun.
Ich tue es nicht, aber etwas zieht mich dahin
wie den Zugvogel in die Netze der Vogelfänger.

Schwermütig, dass man mich
auf eine Waage stellen sollte
und doch bis zum Abheben leicht … verwirrt

ziehen meine Gedanken ihre quadrierten Kreise
und klatschen von innen an die Scheibe,
so wie von außen die Flocken.

Nein, ich habe nicht meine Regel
eher meine Ausnahme.
Heute, einmal im Jahr
am Tag des ersten Schnees.

Geh-Spräch

Quatsch mich nicht voll
müll mich nicht zu
geh andere nerven
und lass mich in Ruh

Lass doch den Füllstoff
du siehst doch, ich habe
keine Lust auf Akustik
das bemühte Gelaber

Wenn etwas los ist, dann sags
wenn nichts los ist, schweige
mach Dich vom Acker
meine Geduld geht zur Neige

Jaja, du weißt viele Dinge
willst, dass man Dich schätzt
ich hörs mir auch an
später, aber nicht jetzt

Huste doch mal
oder klatsch in die Hände
summ vor Dich hin
doch mach dem hier ein Ende

Du, ich muss jetzt weiter
war nett, Dich zu sehn
und das ist auch ehrlich
nur die Ohren tun weh

Ohne Dich

Wie geht es Magneten mit nur einem Pol?
Fühlt sich Strom im Isolator wohl?
Welche Wellen schlägt ein trocknes Meer?
Welches Ziel verfolgt der Kreisverkehr?

Gegen wieviel Wände kann man laufen?
Wer kann die Namenlosen taufen?
Macht ein quadrierter Kreis denn Sinn?
Und wo ist meine Mitte hin?

All diese Fragen martern mich
An diesen Tagen ohne Dich

Du hast zu Boden geschaut

Der Regenbogen hat jäh an Farbe verloren
heiße Quellen, spontan zu Eis gefroren
funkelnde Diamanten, mit Reif belegt
der Dschungel, von Leben leergefegt
nichts ist, wie es mal war
die sechste Zeit im Jahr
alles, alles scheint auf Sand gebaut:
Du hast beim Grüßen zu Boden geschaut

Büttenrede: Vom Klotzfisch oder warum es keinen Seelachs gibt

Sie liegen vor mir in der Pfanne
stets bekannt, bei jedermann
bauklotzartig in der Form
in Reih und Glied, als seis die Norm

wo kommt er her, wie heißt der Wunderfisch?
"Seelachs!", sagt die Packung auf dem Tisch
ein Schiff, vollgepackt mit Maschinerie
sinnreich erdacht für unsre Industrie

hat den Köhlerfisch für uns erschlossen
ob des Namens war man schwer verdrossen
Abrakadabra, neuer Name, alte Sorte
neutrales Image aus Designers Retorte

glatt der Name, die Form bleibt eckig
der Biologe lacht sich scheckig
Uns egal, Papier ist willig
edel sei der Fisch – viel und billig!

Käpt'ns Pfeifen

Fiete Lütjens war ein Käpt'n
bekannt von Saragossa bis Ägypten
er liebte gute alte Seemannskunst
doch auch dem Pfeiferauchen galt die Gunst
aber ach, er war auch stets umgeben
von Matrosen, die nicht wussten recht zu leben

Sie stritten sich, das zänkisch Pack
schlampten, trödelten, den ganzen Tag
da rief er: „Schluss damit, bei den sieben Meeren!
so kann man keine Schiffe führen!
wenn ihr mich noch lange nerven tut
so geb ich euch die strenge Knut!"

Er schimpfte hier, er strafte dort
maßregelte in einem fort
doch irgendwie tat gar nichts fruchten
auf keinen Meeren, in keinen Buchten
und letztlich tat er es begreifen:
„Ach, es sind doch alles Pfeifen!"

Der bittre Geschmack

Du hast mich enttäuscht, hast mein Herz angekratzt
hast den Wind eingelassen in unsren lauschigen Platz
hast den Spiegel verzerrt, zeigt ein zweifelnd Gesicht
hast den Reim krumm gemacht in unsrem Gedicht

 so sehe ichs, so spüre ichs, kann es denn sein?
 wie kann ich fliehen, mich davon befrein?

 Ich hab gedacht, wir teilen gemeinsam
 hab gedacht, ich wär nie mehr einsam
 hab vielleicht auch zu viel erwartet
 hatte nie Zweifel, wie auch immer geartet

so sehe ichs, so spüre ichs, kann es denn sein?
wie kann ich fliehen, mich davon befrein?
Du hast es erklärt, hast gesagt wie es kam
ich habs gehört, will auch glauben daran
ich will ihn los sein, den bittren Geschmack
 du sag mir eines, wie leg ich ihn ab?

so sehe ichs, so spüre ichs, kann es denn sein?
wie kann ich fliehen, mich davon befrein?

Solitude steht in der Tür

Solitude, sie scheut das Licht
hält sich verborgen, zeigt sich nicht
nur Erwählten will sie Schwester sein
von diesen vielen eine soll ich sein

Wo sie wandelt, ist sie einsam
und wen sie aufsucht, der hat dies gemeinsam
kalter Wind umweht die Silhouette
Einsamkeit ist eine schwere Kette

"Ich will Dich nicht, geh fort von mir!"
Sie schweigt, bleibt stehen, in der Tür
"Wir sind nun Schwestern, immerdar!"
wie verlassen ich doch war!

Auf mir liegt nun Solitudes Bann
an mich kommt keiner mehr heran
so seh ich, wie mein Garten nun verdorrt
Solitude, gehst du denn niemals fort?

inspiriert durch den Song "Solitude Standing"
von Suzanne Vega (1987)

Nashorn

Wer das Nashorn haut,
der Nashornhornhaut haut

Wilde Träume

Wenn ich träume, träum ich Wildes
wilde Dinge, immerfort
Schließ ich die Augen, schließ ich kurz
kurz entschlossen, jetzt, sofort!

Will erleben, will erfahren
fahren Schauer auf der Haut
Dafür sind sie, sind es Träume
träume mit mir, wer sich traut!

Eine Farbe: Blau

Des Nachts fasste mich ein sonderbarer Traum
ich fand mich selbst als Blau vor
nicht blau wie das Meer
oder blau wie der Himmel
oder ähnlicher metaphorischer Quatsch
nicht "blau wie"
sondern ich WAR blau
blau
blau
blüht nicht nur der Enzian
nein, Meer und Himmel waren blau wie ich
mich plagiierend, als Inspiration nutzend
warum konnten sie sich nicht jemand anderes suchen
wie die grüne Wiese es tat?
jetzt konnte anhand von Meer und Himmel
jeder Dahergelaufene mich sehen
anstatt mich einfach nur Farbe sein zu lassen
warum nur?

Will mit dir gehn!

Teilst du eine Träne mit mir?
Wollen wir zum Himmel sehn?
Hast du ein Stück Weg vor dir?
Nimm meine Hand, will mit dir gehn!

Ob Au, Palast, ob Himmelstür
Wo wir wandeln, ist es schön
Nimm dir was du brauchst von mir
Nimm meine Hand, will mit dir gehn!

Vielleicht sehn wir ja der Wunder Reigen
Sehn sie alle Schlange stehn
Doch das größte, das will ich dir zeigen
Nimm meine Hand, will mit dir gehn!

Einst werden wir für immer ruhn
Und Gott gegenüber stehn
Doch eines bleibt auch dann zu tun
Nimm meine Hand, will mit dir gehn!

Ein Gedicht für Zauberhasen

Will mit dir gehn! – Antwort

Ach, weine meine Träne nicht.
Willst du so die Engel sehn?
Komm her, ich trockne dein Gesicht,
Nehm' deine Hand, werd' mit dir gehn.

Manches liegt uns erst am Herzen,
wenn die Hand es nicht mehr greift.
Dann fühlen wir schlimmste Schmerzen.
Nimm meine Hand, die Zeit ist reif!

Henning Hahn

Fiore di roccia (Felsenblume)

Ein Gegensatzpaar ist sie
so allein sie auch steht
stolz und bescheiden
hoch, vom Winde umweht

kaum einer weiß von ihr
und edel ist die Wahl
denn weiter ist ihre Seele
als ihr zu Füßen das Tal

sie blüht für sich allein
oder nur, um Gott zu beglücken
eine feste Hand dem,
der wagt, sie zu pflücken

Für Simonetta, die zu früh ging

Wahre Farben

Was sind deine Farben, wie sehn sie aus?
In welchem Ton erscheint dein Haus?

Ist es Blau, das sich am Himmel weitet,
das schrankenlose Leichtigkeit verbreitet?

Ist es Gelb, das Licht vom Sonnenball,
das Freundlichkeit wie Neid ausstrahlt?

Vielleicht Violett, melancholische Stille,
Buße, Transzendenz, das Spirituelle?

Weiß, klar, das könnt' es sein,
kündet von Reinheit und vom Heilgenschein!

Halt ein! Das Rot der heißen Liebe,
wär doch das, was übrig bliebe.

Orange, laut und voll Geselligkeit
ist aktiv und freudig jederzeit.

Grün… das Frische und das Hoffnungsvolle
passt gut zu deiner Lebensrolle.

Braun, das von unsren Wurzeln spricht,
zeigt Gelassenheit und Zuversicht.

Wo Schwarz herrscht, bleibt nichts andres mehr,
doch gibt es auch Konturen her.

Zeig mir deine Nuancen, nimm sie alle dazu,
das Leben ist eine Leinwand, die Farben bist du.

Erinnerungen und Reflexionen

Hilde

Hilde und ich gingen oft gemeinsam mit unseren Hunden spazieren, die letzte Runde des Tages. Eines Nachts begrüßte ich ihren Hund wie üblich mit seinem Namen. Plötzlich fuhr Hilde mich an: "Der heißt jetzt nicht mehr *Bingo*, der heißt jetzt *Öörln*!" Nach kurzem Überlegen kam ich darauf: *Earl* war der in den Zuchtpapieren eingetragene Name, ein Name, dem das Tier – bei aller Liebenswürdigkeit – äußerlich nicht ganz gerecht wurde. Hilde wollte wohl ihrem Besitzerstolz mit diesem edlen Namen eine Aufwertung gönnen. Ich erinnere mich, wie ich mir mit aller Macht ein Losprusten und Gackern verkneifen musste. Ich habe den Spaß natürlich fortan mitgemacht, ihr zuliebe, weil ich sie nicht kränken wollte. Hilde ist längst tot, Öörln ebenso. Aber immer, wenn ich das Wort *Earl* höre, denke ich mit einem Schmunzeln an die schrullige Hilde und ihren kleinen hübsch-hässlichen Hund. Es ist doch erstaunlich, wie Menschen durch die seltsamsten Macken unsterblich werden können.

Schlüsselbund

Es ist mein Schlüsselbund von früher, meine alte Wohnung in meiner alten Heimatstadt. Gedankenverloren drehe ich Schlüssel um Schlüssel, einige davon kann ich gar nicht mehr zuordnen. Der hier, war das das stets klemmende Kellerschloss? Habe ich mit dem hier die Kassette geöffnet, in der ich meine ersten Liebesbriefe elternsicher verstaute? Habe ich mit diesem hier mein schönes blaues Rennrad abgeschlossen, wenn ich bei Karstadt Schallplatten durchgehört habe? Für mich hat das Betrachten alter, längst vergessener Schlüssel den gleichen Effekt wie das Betrachten alter Fotos. Und genau wie bei den mittlerweile anonymen Fotos bereue ich es auch bei den Schlüsseln, nicht überall eine Notiz gemacht zu haben. Aber vielleicht liegt darin auch gerade der Reiz des Ganzen. Ich beginne, in Erinnerungen zu kramen und muss lächeln bei dem Gedanken, wie reichhaltig an Eindrücken der Ozean des Lebens doch ist.

Wünsche

Heute fragte mich ein Kollege: "Wenn du einen einzigen Wunsch frei hättest, was würdest du dir wünschen?". Ha, eine ebenso alte wie abgedroschene Frage, ganz klar. Wir haben uns das schon als Kinder gegenseitig gefragt, nur waren wir damals ja so unerfahren und wussten wenig vom "wirklichen" Leben. Dem zufolge kam natürlich bei den Wünschen meist totaler kindlicher Quatsch heraus, zum Beispiel ein riesengroßes Glas Nutella.

Heute bin ich erwachsen und aufgeklärt, konsequent und lebe bewusst. Eine Kleinigkeit, mir da einen sinnvollen Wunsch auszudenken. Ich kam ins Grübeln. Zuerst – als Gutmensch – die immateriellen Wünsche. Friede auf Erden. Sehr gut, setzen. Andererseits: Mal angenommen, es würde spontan Friede auf Erden. Wenn wir ehrlich sind, kennen wir uns und unsere Mitmenschen doch. Spätestens die nächste Generation würde möglicherweise des Paradieses überdrüssig und sich aus was auch immer für nichtigen Gründen erneut prügeln. Das war immer so, mein Wunsch würde das kaum auf ewig ändern.

Gut, also etwas anderes. Glück? Die alte Frage, was ist Glück? Und die Binsenweisheit, nichts sei schwerer zu ertragen als eine Reihe von glücklichen Tagen. Es ist etwas Wahres dran, nur glücklich zu sein, stumpft ab, es fehlt der kathartische Faktor des realen Lebens. Vielleicht auf Dauer doch keine so gute Idee.

Gesundheit? Nun, ich bin in der Tat chronisch krank, die Aussicht, es loszuwerden, war verlockend. Andererseits: Ich bin gläubig, in meinen Augen will Gott mir mit einer Krankheit etwas mitteilen, mir eine Aufgabe, einen Sinn stiften, so unangenehm die Krankheit ausgehen mag. Je länger ich nachdachte, desto klarer wurde es mir einmal mehr: Das bin ich, komplett gesund wäre ich jemand anders. Wäre das eine gute Idee, Gott so hineinzupfuschen?

Ewiges Leben? In Büchern werden die Unsterblichen meist irgendwann wahnsinnig, oder doch zumindest melancholisch über die Zeitalter. Weil ihre Psyche auf Dauer dem nicht gewachsen ist. Drachen sind in den meisten Büchern auch entweder unsterblich oder doch wenigstens extrem langlebig, die schlafen aber auch dauernd, wohl weil sie den Kokolores, den die Welt tagtäglich verzapft, auch sonst nicht ertrügen. Wahnsinnig und melancholisch bin ich jetzt schon öfter als mir lieb ist und ich schlafe aus Gewohnheit wenig. Nein, das war auch nichts.

Allwissenheit? Ich würde pausenlos von Menschen befragt, die zu faul sind, selbst zu denken. Ich müsste ehrliche Antworten geben, weil man weiß, dass ich es weiß. Soll ich etwa der Weltöffentlichkeit ins Gesicht sagen: "Tut mir leid, für die Schuldenkrise Griechenlands gibt es keine logische Lösung, wenn überhaupt, löst sich das durch Zufall und glückliches Raten!"? Soll ich der UNO erklären: "Es wird auf normalem Weg nie Frieden in Nahost geben?" – Niemand würde das hören wollen und mich kassandramäßig um die Ecke bringen.

Macht? Sicher, es hätte etwas, endlich mal ohne Diskussion die EU-Sahnebonbonverordnung einfach über Nacht abzuschaffen. Gutes tun. Andererseits… ich kann damit leben, wenn mich Leute doof finden, die ich auch doof finde. Mit der Ablehnung oder gar Aggression von Menschen, gegen die ich prinzipiell nichts habe, die ich nicht mal kenne, komme ich aber sehr schlecht klar. Und diese würde ich in der Spitzenposition ständig zu spüren bekommen, bis hin zu Attentaten, weil jemandem einfach meine Nase nicht gefällt. Oder mein Name zu unaussprechlich ist.

Gibt durch die ganze Geschichte hindurch Beweise dafür. Also auch nichts. Es wurde knifflig.

Also vielleicht doch die materiellen Freuden? Reichtum? Sicher sehr angenehm, aber wie viele wohl richtig vermuten, nicht alleinig glücklich machend. Und außerdem verdiene ich jetzt schon recht gut und komme mit weniger Geld aus als mancher Teenager heute. Welchen Reiz hätte es noch, sich spontan etwas zu gönnen, wenn ich es jederzeit in unbegrenztem Maß könnte? Ich könnte das Geld für einen guten Zweck ausgeben, sicher. Da sind wir wieder beim Thema "Frieden" und "Macht". Außerdem hat ein weiser Chinese (war es Lao-Tse?) gesagt: Könntest du die Welt mit einem deiner Haare retten, gib es nicht her!". Die Taoisten haben manchmal eine drastische, aber ehrliche Weltsicht.

Einen Jaguar? Ich bin noch keinen gefahren, es wäre sicher mal nett. Andererseits sicher nicht so viel anders als Mercedes fahren. Und mein allerliebstes Auto auf der Welt war sowieso mein uralter quietschroter Ostblock-Skoda. Dafür brauchte ich keinen Wunsch.

Ich überlegte hin und her. Der Kollege hatte sich längst anderen Dingen gewidmet und ich stand immer noch grübelnd da. Dann endlich kam mir die Lösung, etwas das mich unendlich reizte: Ein riesengroßes Glas Nutella, wenn möglich ohne dass mir schlecht würde oder ich drei Kilo zulege. Ja, das wäre doch etwas Feines ohne Pferdefuß! Wie logisch doch die Ideen der Kindheit waren!

Kunst

In einer Ausgabe von "Lettre International", einem Kunst-magazin, las ich eine Artikelüberschrift, die mich verstörte: "Meine Religion ist die Kunst". Als sowohl religiöser wie kunstbegeisterter Mensch grübelte ich. Kann Kunst denn eine Religion sein?

Sicher, sie ist eine wunderbare Schöpfung. Sie schafft Formen der Kommunikation, die die reine Sprache und Symbolik nicht leisten kann. Sie ist das geistige und seelische Bindeglied zwischen den Menschen, eine fantastische Mög-lichkeit zu abstrahieren, ohne den Kontext zu vernachlässi-gen. Sie vermag sogar zu fesseln, zu lehren, zu kritisieren, zu mahnen und zu trösten. Für manche Menschen, so wie wohl auch für den Schreiber, kann sie zum bestimmenden Lebensinhalt werden. Aber kann Kunst auch ethische Werte definieren und nicht nur vermitteln? Kann sie einem Menschen Rückhalt geben inmitten von Trostlosigkeit? Kann sie einem Antworten auf die Frage nach dem Sinn geben?

Ich meine, sie kann es nicht. Man kann Dinge mit religiösem Eifer verfolgen, vielleicht meinte der Schreiber dies damit und hat in der Kunst des Ausdrucks nicht gerade seine Stärke. So formuliert hatte der Satz aber etwas Götzenhaftes. Schließlich gibt es religiöse Kunst, aber keine künstlerische Religion. Lassen wir die Kunst, wie alle wert-vollen Kreationen der Menschen, für sich sein und erheben wir sie nicht zu etwas, das sie nicht leisten kann, damit ist ihr mehr gedient, meine ich.

Farbe

Als ich noch sehr klein war, vielleicht so um 1975, nahm mein Vater mich oft zum Autowaschen in die Tiefgarage mit. Es war eine große, düster-spannende Mietgarage mit einem gekachelten Waschplatz. Ich bin gern dorthin mitgegangen, habe mit dem schaumigen Wasser gespielt und den ein- und ausfahrenden Autos das große elektrisch angetriebene Tor geöffnet. Aber am meisten faszinierten mich die vielen bunten Flecken auf den Kacheln, welche Autobastler dort hinterließen, um ihre Lacksprühdosen vor der Lackierung sauberzusprühen.

Und weil die 70er so quietschbunt waren, waren es auch die Autolackierungen, ergo sammelten sich an den trist beige gekachelten Wänden die buntesten Kleckse in wildesten Tönen, welche die kleine Weihe maßlos begeisterten. Ich glaube, meine Liebe zu Farben wurde in jenen Tagen geboren.

Vater ist längst nicht mehr. Die Garage ist "saniert" und heute sehe ich auf der Straße (fast) nur noch schwarze, silberne, und graue Autos. Sogar mein eigener Wagen ist schlicht Grau. Aber immer, wenn ich eine gekachelte Fläche sehe, sehe ich in meiner Erinnerung die bunten Flecken und muss lächeln. Und ein diebisches Verlangen, dort einen bunten Sprühklecks zu hinterlassen, breitet sich in mir aus. Manchmal tue ich es auch.

Maleme

Ein Grab. Ein deutscher Soldat, keine 19 ist er geworden. Daneben ein Arzt. Ein Transportflieger. Ein Major der Infanterie. Ein Fallschirmjäger. Endlos ziehen sich die Reihen der Grabplatten über den deutschen Soldatenfriedhof von Maleme auf Kreta. Ein stummer Klageruf aus dem Gestern. Einer von vielen. Und nur wenige Kilometer weiter die Grabreihen der Engländer, die hier nicht minder verbissen um jeden Meter dieser fremden Erde gekämpft haben, letztlich im Tod vereint.

Die meisten kämpften hier, weil sie es einfach mussten. Oder einfach hofften, es irgendwie zu überstehen, 1942 war mitten im Krieg. Oder weil sie für etwas kämpften, was sie für wichtig hielten oder es ihnen als wichtig vermittelt wurde. Aber sicher nur sehr wenige, weil sie Spaß an Tod und Vernichtung hatten.

Der Mensch an sich ist nicht destruktiv veranlagt. Aber er ist sehr empfänglich für Verführung. Durch sich selbst, den Staat, die Öffentlichkeit, ja selbst die Kirche. Wir, die wir heute ein unvorstellbares Maß an Freiheit und Eigenständigkeit besitzen, haben die Pflicht, uns aufklären zu lassen und aufzuklären. Verführungen zu entlarven, die Verführten anzusprechen. Wir alle müssen dem Krieg wenn möglich die Gründe nehmen, bevor er sich selbst die Gründe schafft. Nur so haben wir eine Chance, dass Maleme ein Mahnmal bleibt und kein Zukunftsmodell wird. Ich empfehle jedem, jung wie alt, Frau wie Mann, Orte wie Maleme zu besuchen und den stummen Klagen zuzuhören. Nur die gleichgültigsten Naturen werden von diesem Ort nicht berührt. Geschichte könnte nicht fühlbarer sein.

Erich

Erich ist tot. Über Umwege erfuhr ich davon. Wieder ein langjähriger Kollege und Mitstreiter, einer, dem ich das eine oder andere in meiner Karriere verdanke. Ernüchtert lese ich die Traueranzeige und stelle fest, dass er gerade mal 66 geworden ist. Spontan fällt mir Udo Jürgens' Schlager „Mit 66 Jahren, da fängt das Leben an" ein. Ausnahmen bestätigen leider die Regel. Dann schließe ich die Augen und lasse Szenen mit Erich vor meinem inneren Auge ablaufen. Besonders eine Begebenheit ist mir überdeutlich präsent geblieben: Vor einigen Jahren, nach einem Kundenbesuch, saßen wir in der Hotelbar. Natürlich floss der Alkohol und wir waren ausgelassen und in Philosophierlaune. Da sagte er zu mir: „Weißt du… wenn ich mal im Ruhestand bin, weiß ich genau, was ich tu: In meinem Arbeitszimmer stapelt sich der Mist aus diesem Job. Mein Vater war Holzschnitzer von Beruf, der hat mir seine ganze Werkstatt mit all den vielen Werkzeugen vererbt, weißt schon, die gute alte Handarbeit. Am Stichtag schmeiß ich den Berufskram da raus und richte mir auch eine Werkstatt ein, das mach ich dann als Altershobby!" Es klang wirklich schön, so herrlich altmodisch und romantisch. Jetzt ist er tot, nur vier Jahre nach seinem Ruhestand und ich bezweifle, dass er bei der langen Krankheit, von der mir berichtet wurde, noch dazu gekommen ist, diese Werkstatt einzurichten. Ich könnte mir sogar vorstellen, dass die ungeliebten Kundenmuster sich am Todestag noch immer in Erichs Arbeitszimmer stapelten. „Lebe jeden Tag so, als wäre es dein letzter!". Dieser Spruch, eine Ableitung des „Carpe Diem" von Horaz, wird nur allzu oft als Rechtfertigung für exzessives Leben auf Kosten anderer missbraucht, für das hedonistische Sich-treiben-lassen, fatalistisches Sich-Verlieren in allnächtlichen Partys substanzlos und selbstvergessen. Allzu viele Leute, gerade junge, sehen sich durch diesen Spruch philosophisch berechtigt, so zu agieren. Ich denke, damit ist etwas ganz anderes gemeint. Wir brauchen ein Leben mit Strukturen, Plänen, Träumen und Verantwortung, aber wir haben nur dieses eine. Wir sollten jeden Tag so angehen, dass wir ihn als erfüllt betrachten können und Dinge nicht auf einen späteren Lebensabschnitt vertagen, es könnte zu spät sein. Ich fürchte mich nicht vor dem Tod. Aber ich fürchte mich vor dem Tag, an dem ich feststelle, dass ich meine Lebenszeit mit Nichtigkeiten verschwendet und das Wichtige auf eine Zeit vertagt habe, die ich nicht mehr erleben werde. Ich kannte Erich privat nicht gut genug, um abschätzen zu können, ob er kurz vor dem Ende diesen Gedanken hatte. Ich wünsche es ihm nicht. Machs gut, Erich.

Pioneer

Vor 40 Jahren, im Dezember 1973, passierte erstmals ein von Menschenhand gebautes Flugobjekt, die Raumsonde Pioneer 10, den Jupiter und lieferte erstaunliche Bilder und Daten des Planeten und seiner Monde. Allein dies war schon ein enormer Erfolg für die noch junge Raumfahrttechnik, aber die Reise von Pioneer 10 war noch lange nicht zu Ende. Konzipiert für eine Lebensdauer von 21 Monaten, passierte die Sonde die äußeren Planeten unseres Sonnensystems und ist mittlerweile im freien Raum unterwegs, ein Brückenpfeiler in der Unendlichkeit. Eine Zeit lang war es das erdfernste Objekt, das Menschenhände schufen, auch wenn es mittlerweile von den schnelleren Voyager 1 und 2 "überholt" wurde. Und erst im Januar 2003, nach sagenhaften 31 Jahren, sendete das unermüdliche Fluggerät sein letztes Signal, bevor seine Nuklidbatterien endgültig verbraucht waren.

Ein stummes Zeugnis der Menschheit, das, so Gott will, in etwa 2 Milliarden Jahren in das Sonnensystem von Aldebaran eintreten würde. Doch schon jetzt machen mich diese unvorstellbaren Zahlen schwindlig. Die Menschheit, mit all ihren Fehlleistungen und schaurigen Missgriffen, ist auch in der Lage, etwas Wunderbares zu schaffen: Dinge, die über sie selbst hinausgehen. Dinge, die weiter kommen dürften, als es jedem von uns vergönnt sein wird und die mit gewisser Wahrscheinlichkeit ihre eigenen Schöpfer überdauern werden. An Bord des einsamen Reisenden ist die berühmte Plakette mit einer Darstellung der Menschen in Relation zu Pioneer, einer "Wegbeschreibung" in unser System und einer physikalischen Darstellung, um unseren

Wissensstand zu erklären. Eine interstellare Flaschenpost, die alles übertrifft, was wir uns vorstellen können, mit einer seltenen Botschaft ohne Hintergedanken, Hochmut, Drohungen und Gier. Vielleicht eines Tages der einzige Hinweis, dass wir überhaupt existiert haben. Eine Leistung, die ich nicht greifen kann, die mich aber dennoch Ehrfurcht empfinden lässt vor dem nimmermüden Pioniergeist der Menschheit. Diese Sonde hätte keinen passenderen Namen tragen können.

Partner

Eine Straßenszene wie jede andere. Fast. Als ich an die Ampel rolle, steht vor mir ein einziges Fahrzeug an der Haltelinie. Ein Fahrzeug wie jedes andere. Fast. Sofort entdecke ich etwas Ungewöhnliches daran, nämlich einen Aufkleber mit der Aufschrift „ASB" (und dem Logo des Arbeiter-Samariter-Bundes) und der fetten Zahl „100". Die etwas kleiner gedruckte Schrift konnte ich auf die Entfernung nicht entziffern.

Oho! Wieder so einer dieser Weltverbesserer! Tempo 100 auf Autobahnen, der Umwelt zuliebe, die habe ich ja besonders gern. „Hoho, ich fahre zwar jede Pupsstrecke mit dem Auto, aber ich klebe mir so ein vorwurfsvolles Schildchen aufs Auto, damit du ein schlechtes Gewissen hast, wenn du mal schneller fährst, denn das mache ich nicht!". Woah, sofort schwillt mir der Kamm. Bilder von mit 100 daherzockelnden Familienkutschen auf der linken Spur tauchen vor meinem geistigen Auge auf. Die oberlehrerhaften Ökofreaks und Oberstudienräte, die es sich leisten können, sich nicht mit der realen Welt auseinandersetzen zu müssen und den mahnenden Finger heben dürfen! Und man darf noch nicht mal was dagegen sagen, sonst ist man ja gleich Umweltfeind! Unruhig trommele ich aufs Lenkrad. Bestimmt zockelt der gleich extra langsam los, weil er mein sportliches Auto im Rückspiegel gesehen hat! Mich ein wenig disziplinieren, eh? Mein eleganter Schuh trippelt nervös auf dem Gaspedal, die Öko-Sandale da vorn macht wahrscheinlich gerade Fuß-Yoga, während im Kassettenradio Walgesänge laufen. Raubtierhaft fixiere ich diese „100", bereit zum vernichtenden Sprung auf die Beute. Ich werde diesen selbsternannten Weltverbesserer mitsamt seiner ach so vernünftigen Totschlagargumente an den Straßenrand schieben. Go home, Müsli! Jetzt fehlt echt nur noch der Aufkleber „Überholen Sie ruhig, wir schneiden Sie heraus!" und ähnliche lakonische Sprüche. Fahr wie ein normaler Mensch, dann muss dich auch nicht ständig einer überholen! Während ich wartete, zog ich eine ganze Apothekerkommode voll abstoßender Schubladen auf, in die dieser Typ da vorne passen würde.

Da, die Ampel springt auf Grün! The heat is on! In eben jenem Moment fällt mir etwas ein. Stand nicht jüngst bei Wikipedia in der „Was geschah am…"-Kolumne etwas über den ASB? Richtig, der feiert gerade seinen 100. Geburtstag. Also galt die 100 nicht einer selbst auferlegten Tempo-beschränkung, sondern es war lediglich ein Hinweis auf das runde Jubiläum. Peinlich davon berührt, wie schnell ich mich von einem falsch empfundenen Reizthema habe auf die Palme bringen lassen, fuhr ich an. Ganz sanft natürlich. Partner im Straßenverkehr.

Erhabenheit

Eine Laune ließ mich im April den Weg auf die Seiseralm einschlagen, eine große Hochalm (ich glaube sogar die größte Europas) in Südtirol.

Es war eine Jahreszeit, in der die Skifahrer mangels geschlossener Schneedecke schon weg waren, die Bergwanderer wegen des unangenehmen Wetters aber noch nicht da. Menschenleer und still war es, als ich den Wagen anhielt und einige Schritte ging. Ungläubig blickte ich auf das, was ich anfangs für Schneeflächen hielt, in Wahrheit waren es Krokusse, Millionen über Millionen kleiner schneeweißer Krokusse!

Soweit das Auge reichte, bedeckten sie den gerade mal frostfreien Boden. Gebannt starrte ich auf die einsame Pracht und kam mir ganz klein vor. Die Natur schert sich nicht darum, ob wir ihr zusehen, sie kann ganz für sich allein so prächtig und verschwenderisch zugleich sein, etwas, das wir unbedeutenden Menschen allzu gern nur für Zuschauer reservieren, um zu beeindrucken. Wahre Erhabenheit hat dies nicht nötig, die Krokusfelder in ihrer stolzen Schönheit zeigten es überdeutlich.

Fast 20 Jahre ist das nun her, aber das Bild in meiner Erinnerung hat in seiner Lebendigkeit nicht nachgelassen, noch heute rinnen mir Tränen der Ergriffenheit über die Wangen, obwohl und gerade weil es die Krokusse gar nicht interessiert. Welcher Showstar, welches Fotomodell könnte solche Gefühle auslösen? Von der Natur können wir lernen, was Erhabenheit wirklich bedeutet.

Teddybären

Druckabnahme beim Kunden. Für mich ist so was immer noch ein aufregender Termin. Im Klartext heißt das: Drucker, Maschinenbauer, Papierlieferanten, Logistiker, Techniker, Chemiker, Farblieferanten und der Kunde kommen an der Druckmaschine, groß wie ein Einfamilienhaus, zusammen, um mehr oder weniger formell zu bestätigen, dass das komplizierte Zusammenspiel kommerziell funktioniert. Und natürlich bin auch ich dabei, schließlich war die Farbe, die dort auf ein buntes Geschenkpapier verdruckt wurde, meine Erfindung. Technik-Profis unter sich, in einer angespannt-feierlichen Stimmung, warten schweigend oder fachsimpelnd auf die ersten gedruckten Bögen, ein Kinder-Geschenkpapier mit lustigen Teddybären drauf.

Neben mir stand die Designerin des Motivs. Um die Stimmung etwas zu lockern, beschloss ich, die Dame mit einem lustigen Spruch zu bedenken. „Sagen sie, die Teddys sind aber keine guten Vorbilder für die Kinder. Sehen Sie mal, der radfahrende Bär hat keinen Sturzhelm auf, und der Fallschirmspringer nicht mal Knieschützer." Die Designerin sah mich an und lächelte warm, aber mit einem schelmischen Unterton. „Teddybären tun sich ja auch niemals weh."

Ich war sprachlos. Wie weit wir nüchternen Erwachsenen uns doch von den unbeschwerten Denkweisen der Kinder entfernt haben!

Tyne

„Wenn du etwas Bleibendes in der Welt hinterlassen willst, dann musst du Kinder zeugen." So wird es immer gesagt, vor allem natürlich von Eltern, und die Ausschließlichkeit und Endgültigkeit dieser Aussage macht mich, ob meiner Kinderlosigkeit, manchmal sehr traurig. Sollte das wirklich alles gewesen sein? Ist alles andere bedeutungslos? Ist man selbst bedeutungslos?

In solchen Momenten passiert es, dass meine Gedanken zurück in die Vergangenheit gehen, in meine Kindheit und Jugend. Mein Onkel Thomas, geboren in Glasgow, Schottland, fand nach dem Krieg eine Anstellung bei Rolls-Royce. Der Laie denkt natürlich sofort an die Luxusautos, Rolls-Royce war und ist aber auch einer der bedeutendsten Hersteller von Flugzeugtriebwerken. Und genau dort hatte Thomas seinen Job fürs Leben gefunden. Er qualifizierte sich als Techniker und war dort ab 1955 hautnah an der Entwicklung des Rolls-Royce Tyne-Triebwerkes beteiligt, dem damals stärksten Turboprop-Triebwerk der westlichen Welt. Es war ein großer Erfolg und wurde bis in die 90er Jahre produziert. Es versah und versieht über Jahrzehnte zuverlässig seinen Dienst in vielen Flugzeugen, in Schiffen, und unter anderem auch in der Transall, dem europäischen Kurzstrecken-Transportflugzeug der Bundesluftwaffe seit 1965.

Ich erinnere mich gut daran, wie Thommy mir damals mit Faszination in der Stimme und leuchtenden Augen von diesen Dingen erzählte. Er war stolz, dabei gewesen zu sein und meine spätere Begeisterung für Technik, Motoren und Fliegerei wurde vielleicht dadurch erst geweckt. Die

Verbindung zwischen diesem Mann, der so viel erlebt hatte und der Maschine, die er mit geschaffen hatte, war zu spüren, sie war ansteckend.

Die Transall-Flugzeuge sind mittlerweile in die Jahre gekommen, ihre wirtschaftliche Lebensdauer ist längst überschritten, aber der Nachfolger, der Airbus A400M, kommt nur schleppend auf den Weg, und so versehen diese Oldtimer noch heute ihre Dienste. Gottlob haben diese Militärflugzeuge nie einen „großen" Krieg gesehen, wohl aber sind sie weltweit bekannt durch die deutschen Beteiligungen an Hilfsmissionen. Sogar die meisten Laien erkennen eine Transall, wenn sie auf Bildern aus fremden Ländern erscheint, fernab der Heimat und weit jenseits des Aktionsradius, für den sie eigentlich mal geplant war.

Mein Onkel Thomas lebt schon lange nicht mehr, sein Werk hingegen schon: Gerade heute sah ich einen Nachrichtenbeitrag, Deutschland beteiligt sich an der Hilfsaktion für die von den Radikalislamisten vertriebenen Menschen im fernen Nordirak. Als sich im Bildhintergrund eine Transall vorbeischob und auf den langen Weg machte, getrieben von ihren treuen und unermüdlichen Tynes, musste ich unweigerlich lächeln. Ja, mit der uns Menschen gegebenen Begeisterungsfähigkeit ist es sehr wohl möglich, auf noch andere Weisen seine Spuren in der Welt zu hinterlassen. Ein Ansporn für mich, nie aufzugeben, zu verzweifeln, sondern mich stattdessen den Dingen zu widmen, für die ich mich begeistere.

Nachtrag: Wenn die Transall, diese fliegenden Oldtimer, eines Tages (man spricht mittlerweile von 2020) ersetzt werden, setzt sich auch diese sehr persönliche Geschichte fort: Das EPI TP400, welches den Nachfolger Airbus A400M antreibt, ist technisch gesehen ein Nachfolger des guten alten Tyne. Ich spreche da gern von einem „Enkel".

Gewidmet meinem großartigen Onkel Thomas McCowan

Revolution!

Wer kennt sie noch, die guten alten Telefone mit Wähl-scheibe? Dem Bakelit-Zeitalter entwachsen, aber noch fern der Elektronik? Einige von uns dürften sich noch des nostalgischen Surrens der Wählscheibe erinnern, der Mög-lichkeit, den Hörer im wahrsten Sinne des Wortes aufzu-knallen und des Tricks, mittels Danebenlegen des Hörers einen besetzten Anschluss vorzutäuschen.

Was aber niemand weiß, ist, dass dieser Apparat bei uns daheim Brennpunkt einer stillen Revolution war, und das war so: Diese Apparate, fachmännisch FeTAp61 genannt, gab es in nur vier Farben: Grau, Grün, Ocker und in einem schrillen Cadmiumorange. Letzteres wohl ein verspäteter Zuwachs, um die Serie tauglich für die 70er Jahre zu machen. Die 70er Jahre! Der schrille Aufbruch, man war modern, verwirklichte sich selbst, war offen für neue Formen und Farben. Und genau ein solcher Apparat stand bei uns daheim.

Ein Dorn im Auge meiner tief in der vergangensten Vergangenheit lebenden Großmutter. Derartiger Unsinn wie dieses Telefon konnte nur von den verfluchten Amis kommen, die die Welt mit ihrem "Jimmi-Jimmi-Kram", wie sie es geiferschäumend nannte, überschwemmten.

Diese Unsitte dämmte sie erfolgreich ein, indem sie das Ami-Telefon mittels einer kitschigen Brokathülle wieder ins Neo-Biedermeier der 60er Jahre zurückbombte. Ein eindeu-tiger Fall von Unterdrückung der Unterprivilegierten. Das konnte nicht so bleiben! Eines Tages, ich war vielleicht zehn oder elf Jahre alt und wusste nichts von Che Guevara oder Robespierre, aber ich wollte ein Zeichen der Veränderung setzen. Konnte ich schon nicht die ursprüngliche orange Revolte ins Leben rufen (die Großmutter hätte mich standrechtlich exekutiert), so konnte ich doch subversiv tätig werden.

In unbeobachteten Momenten griff ich zu meinen Malfarben, nahm klammheimlich die ekelhafte Brokathülle, das Symbol des Konservatismus vom Telefon und setzte schnell einige knallbunte Pinselstriche darauf. Trockenpusten, reaktionäre Hülle wieder drauf und zurück in den revolutionären Untergrund. Eines Tages würde das Telefon ein buntes psychedelisches Muster aufweisen, das den Furthur der Grateful Dead in den Schatten stellen würde. Wenn schon nicht deren Musik. Und dann, wenn das Projekt erst einmal weit fortgeschritten war, würde es vielleicht auch Unterstützung in der gemeinen Bevölkerung finden, namentlich bei meinen Eltern, die ebenfalls unter dem strengen Regime der Großmutter zu leiden hatten. So nutzte ich jede Gelegenheit, um mein buntes Flugblatt zu vollenden.

Langsam, quälend langsam, wuchs es zu einem Gebilde an, das die erstarrte Welt der FeTAps auf den Kopf stellen würde. Doch wie so oft wurde auch aus dieser kleinen Revolution nichts. Napoleon beendete die revolutionäre Republik, Che Guevara starb in Bolivien und mein subversives Telefon wurde gegen ein modernes Tastentelefon ausgetauscht, ohne dass jemand auch nur einen flüchtigen Blick unter die Brokathülle des alten hätte werfen wollen. Nicht einmal die Bundespost, welcher der Apparat ja gehörte, hatte etwas moniert. Oft scheitern Revolutionen und ihre Ideale einfach an der Welt, die sich währenddessen ungerührt weiter dreht und ihnen die Grundlage nimmt. Immer, wenn ich heute so ein altmodisches Telefon sehe, muss ich unweigerlich lächeln. Che würde es vielleicht auch tun.

Leben

Ich stehe vor einem Spiegel und lächle mich an. Ich blende alle Dinge aus, die stören könnten: Das Haus, den Media Markt-Prospekt, die Radiowerbung, all den nichtigen Tand. Es ist einer dieser Momente, in denen mir klar wird, dass alles, was wir suchen, finden, wünschen, erreichen werden, niemals auch nur annähernd an das herankommen kann, was wir das Geschenk des Lebens nennen.

Wir können es Gott nennen, oder eine seltene Laune der Naturgesetze, es ändert nichts an der Einzigartigkeit und Größe, die dieses Geschenk für uns besitzt. Ein Gefühl tiefer Dankbarkeit überkommt mich, ganz egal, wem ich dieses Geschenk zu verdanken habe. Selbst einem kosmischen Zufall könnte man dankbar sein, und Gott erst recht. Kein Wesen kann es sich selbst schenken, um auf die Welt zu kommen, kein Wesen kann ohne es existieren, ganz egal wie verehrenswert, mächtig oder egomanisch es sein mag und niemand kann es für sich verlängern, bestenfalls weiterreichen. Und leider allzu oft verschwenden, verringern und letztlich verlieren.

Dieses Geschenk ist so immens, dass wir es nur würdigen können, indem wir es benutzen, auch wenn es Beulen und Schrammen bekommt wie ein geliebtes Kinderspielzeug. So kostbar, dass wir es nur erwidern können, indem wir es eines Tages an jenen unbekannten Schenker zurückgeben, denn etwas Größeres werden wir nie besitzen, gleich, was wir im Leben alles ansammeln. Einfach am Leben zu sein erfüllt mich jedes Mal mit einem Gefühl des Glücks, beinahe wird mir schwindlig, es kostet mich nur einen Gedanken. Keine Krankheit ist groß genug, um es bedeutungslos zu machen, selbst eine tödliche Erkrankung kann das Leben zwar beenden, das Gelebte aber nicht rückgängig machen.

Am Leben zu sein lehrt einen Demut, denn man hat etwas in der Hand, dessen Wert man nur schwerlich jederzeit gerecht werden kann. Am Leben zu sein lehrt einen Respekt und Bescheidenheit, denn die anderen sind genauso reich beschenkt und es gibt keinen Grund für Neid oder Überheblichkeit. Und es lehrt einen, mit Gelassenheit durch die Zeit zu gehen, denn das Größte hat man bereits mit dem ersten Atemzug bekommen. Ich nehme mir vor, mich öfter im Spiegel anzulächeln, wenn ich der Meinung bin, unglücklich sein zu müssen.

Blickwinkel

Ein schöner Herbstnachmittag im Hamburger Feierabend-
verkehr. Mühsam wälzte sich der Verkehr über die altehr-
würdige Lombardsbrücke, welche die Binnen- von der
Außenalster trennt. Gerade stand die Blechlawine mal
wieder komplett still, aber ich ließ mir meine gute Laune
nicht verderben. Die Sonne schien, ich hatte einen gut
bezahlten Job und ein neues Auto, die Aussicht, hier von der
Brückenmitte aus, war bestechend. Entspannt betrachtete
ich die Segelboote auf dem Wasser, bis mich ein lautes
Hupen hinter mir aus meinen Gedanken riss. Instinktiv
wandte ich meine Konzentration nach vorn, hatte ich etwa
verpasst, dass die Autoschlange sich wieder in Bewegung
gesetzt hatte? Das permanent leuchtende Bremslicht meines
Vordermannes sagte mir das Gegenteil.

Mein Blick wanderte in den Innenspiegel und betrachtete
die Quelle des Huptons, das Auto hinter mir. Ein Kerl,
etwas schloddrig frisiert, Dreitagebart und den Blick starr
nach vorn, auf mich gerichtet. Was sollte denn der Mist?
Durch Hupen ging es auch nicht schneller voran, auflösen
konnte ich mich kaum. Ah, dämmerte es mir! Die Viertel
Autolänge nach vorn störte ihn wohl, als ob das irgendwas
am Stau ändern würde! So ein Blödsinn!, dachte ich mir. Für
die anderthalb Meter kuppele ich doch nicht extra noch ein,
wo sind wir denn hier? Während ich ihm einen giftigen Blick
durch den Rückspiegel zuwarf, hupte es abermals. Mit Er-
staunen sah ich, dass dieser Kerl doch tatsächlich noch
weiter heranrollte! Der wollte mich doch tatsächlich noch
mitten im Stau drängeln wegen dem bisschen Abstand zum
Vordermann! Na, so was hab ich ja gerade gern, den lasse

ich mal schön schmoren, jetzt erst recht! Er hupte weiter, schließlich verschwand seine Stoßstange aus meinem Blickfeld im Rückspiegel.

Während ich noch demonstrativ den Kopf schüttelte, ging ein sachter Ruck durch mein Auto. Jetzt hatte er mich doch tatsächlich gerammt! Ich war fassungslos und mein Herz klopfte vor entfachtem Zorn, jetzt war aber Schluss mit lustig! Wutentbrannt stieg ich aus und stapfte energisch auf seine Fahrertür zu. Mit zornigem Fuchteln bedeutete ich ihm, er solle mal die Fensterscheibe herunterdrehen, damit ich ihm mal schön die Meinung geigen kann. Mit erschrockenem Gesicht folgte er meinem unmissverständlichen Wink. Ich wartete einen kleinen Moment, schließlich sollte er Gelegenheit haben, sich zu erklären, bevor ich ihn verdientermaßen zur Sau machen würde.

„Jetzt beruhigen Sie sich doch bitte. Dabei hab ich doch extra mehrmals gehupt, weil Sie rückwärts gerollt sind. Aber ist doch nichts passiert, oder?" Fassungslos stand ich da. Zurückgerollt? Hatte ich vor lauter Entspannung etwa den Druck vom Bremspedal gelassen? Immerhin war die Fahrbahn auf der Brückenmitte leicht geneigt, wenn auch kaum spürbar. Dann ist er also gar nicht auf mich zugerollt, um mich zu rammen, sondern ich auf ihn? Verdattert und von Sekunde zu Sekunde beschämter ließ ich ihn stehen und ging zu meinem Wagen zurück. Ich war heilfroh, dass sich in diesem Moment auch endlich die Warteschlange in Bewegung setzte. Gleich hinter der Brücke entschloss ich mich, von meiner geplanten Route abzubiegen, um mich auf einem Parkplatz neu zu sammeln, bis Gras über die Sache wuchs. Nie mehr, so nahm ich mir vor, wollte ich mich vorschnell über etwas aufregen, ohne zuvor zu überlegen, ob es nicht auch ganz anders gewesen sein könnte.

Technologie

Heute, vor genau 50 Jahren flog der erste Mensch, Juri Gagarin, ins All. Es war der Beginn der bemannten Raumfahrt.

Ich finde es schön, dass wir gerade jetzt, wo alle Welt angesichts Fukushimas nur über die negativen Seiten der Technologie spricht, ein solches historisches Jubiläum feiern. Es zeigt uns, dass Technologie kein generelles Teufelswerk ist, dem wir unbedingt mit einem erschrockenen Sprung zurück in die Zeit entkommen müssen. Sondern der Versuch, Fortschritt, Aufbruch und Perspektiven für unsere ganze Menschheit zu schaffen. Den Gefahren, Tragödien und auch ideologischen Irrwegen, die es immer gab und geben wird, ist auf Dauer nur durch mehr Wissen, mehr Einsicht, mehr Aufklärung und mehr Freiheit des immer forschenden menschlichen Geistes zu begegnen.

Gagarin starb ironischerweise 1968 bei einem vergleichsweise banalen Unfall, fernab der Hochtechnologie der Raumfahrt. Sein Traum, der alle Menschen aller Länder verbindet, lebt weiter.

Renault 4

Dieser Tage feiert der Welt erster "Mini-Van", der Renault 4, seinen 50. Geburtstag. Ein Auto, an das ich mich noch sehr gut erinnere. Hässlich, bescheiden, aber ungemein praktisch und robust. Und mit einem revolutionären Verbrauch von 5 Litern auf 100 Km, und das 1961, wenn auch bei entsprechend begrenzten Fahrleistungen. Ohne Fly-by-wire-Technik, Windkanal, NASA-Baumaterialien und Computersimulationen. Und da denke ich wieder an Heute. Wir fordern von der Industrie Verbrauchswunder, weil man will ja umweltfreundlich sein. Diese gab und gibt es auch, jedoch verschwinden sie meist nach kurzer Zeit vom Markt, weil niemand sie kauft. Als wäre der Umwelt mit der lauthals dahingeworfenen Forderung nach dem reinen Angebot gedient.

Nein, in Wahrheit will kaum einer von uns auf Fahrzeuge mit dem Output eines mittleren Düsenjägers verzichten. Und genau darin liegt die Crux, die sich durch unsere ganze Umweltthematik zieht: Bio gern, auch gern für 10% Mehrkosten, aber bitte bloß keine Abstriche an der Lebensqualität! Wir fordern lauthals und kaufen sollen dann bitteschön die anderen! Die Nachbarn, die Chinesen, die fetten Politiker, aber nur nicht ich! Wir polemisieren über ein Tempo 120 auf deutschen Autobahnen, der Renault 4 hat nur 120 geschafft. Vielleicht sollte uns dieses bescheidenste aller Autos als Denkanstoß dienen.

Marianne

Neulich habe ich jemandem eine amüsant-erschreckende Anekdote über die betriebliche Fehlleistung einer Kollegin erzählt. Kaum eine Stunde später erfuhr ich, dass diese Kollegin vor wenigen Tagen verstorben ist. Ich hatte ein schlechtes Gewissen.

Nicht einmal wegen der Lästerei über eine kürzlich Verstorbene. Es war mehr die Art, wie ich das Bild eines Menschen gezeichnet habe. Sicher, die Lästerei hatte ihren Grund und durch das Ableben wird die Fehlleistung nicht weniger amüsant oder bemerkenswert. Aber mir fiel wieder einmal auf, wie oft wir unser Bild von einem Menschen nur an den wenigen Punkten festmachen, die uns gerade in den Kram passen.

Natürlich muss man in einem Gespräch auch mal über besonders peinliche Patzer anderer lachen dürfen, oder sich über besonders empörende Taten aufregen. Aber wie oft nehmen wir dies zum Anlass, das Gesamtbild eines Menschen in uns ebenfalls auf diesen Fokus zu reduzieren? Wie oft ermuntern wir andere dadurch, es ebenso zu tun? Ich weiß es nicht. Aber ich ertappe mich häufiger dabei, als mir lieb ist.

Marianne, es tut mir leid.

Rallyesport

Tödlicher Unfall bei der Wartburg-Rallye 2013 in Thüringen. Janina Depping, eine der bekanntesten deutschen Rallye-Pilotinnen, und ihre Beifahrerin Ina Schaarschmidt sind tot. Ihr Fahrzeug kam bei hohem Tempo von der Straße ab, zerschellte an einem Baum und ging in Flammen auf. Das Wrack ihres Mitsubishi Carisma ist kaum noch als Auto erkennbar und mit Schaudern denke ich daran, wie furchtbar die Überreste der beiden jungen Frauen ausgesehen haben mögen. Ich wünsche mir von Herzen, dass die beiden von diesem Unfall nichts mehr mitbekommen haben. Beim Mittagessen hörte ich zu meinem Entsetzen von den angesprochenen Kollegen nur Sprüche wie „Selbst schuld!" und sogar ein „Zwei verrückte Umweltzerstörer weniger!".

Manchmal frage ich mich, wie verroht, verblendet und beschränkt Menschen sein können. Oder wollen. Sicher, selbst schuld. Offenbar hat man nur ein Anrecht auf Mitleid, wenn man sein Leben im sicheren heimischen Keller verbracht hat. Wer dagegen seinen Traum von einer sportlichen Karriere (und keine davon ist absolut ohne Risiko) verwirklicht, wird im Falle des Ablebens mit Verachtung bestraft. Natürlich, wenn es ein paar prestige-trächtige Titel für Depping und Schaarschmidt gegeben hätte, hätten die gleichen Leute johlend und Deutschland-fahnen schwenkend vor dem Fernseher „Unsere Mädels" gefeiert.

Sicher, Rallye-Sport ist umweltschädlich, das lässt sich kaum wegdiskutieren. Und ich mag auch nicht die Polemik-debatte anheizen, indem ich frage, wie viele Rallyes ein

Schadensäquivalent zu den vielen „zivilen" Autos auf dem Parkplatz vor dem Bio-Markt darstellen. Aber hier wird auch noch etwas ganz anderes vergessen: Autohersteller und Zulieferer bezahlen nicht so viel Geld für den Rallyesport, weil sie zu viel davon haben. Und auch nicht nur, weil so ein Engagement prestigeträchtig ist. Man könnte das Geld dann ja auch in simple Medienwerbung stecken. Was vielfach nicht beachtet wird, ist die Tatsache, dass der Rallyesport ein unschätzbares Experimentierfeld für jene Entwicklungen ist, deren Existenz wir so gern in unseren eigenen Autos genießen.

Schon Bertha Benz, Ehefrau des Autoerfinders Carl Benz, sorgte mit einer Aufsehen erregenden Langstreckenfahrt nicht nur für Werbung, sondern auch für eine Erprobung der noch jungen Technik. Daran hat sich in all den Jahren nichts geändert. Keine Computersimulation kann Bauteile dermaßen hart prüfen, wie der Rallyesport mit seriennahen Fahrzeugen. All diese „Verrückten Umweltzerstörer" haben die Dinge einem Härtetest unterzogen, die unsere Autos sicherer, effizienter und auch umweltfreundlicher machen. Das McPherson-Federbein, Sicherheitslenksäulen, Anschnallgurte, Fahrwerkselektronik, Turbolader, Airbags, Überrollkäfige, deren Existenz wir mit bloßem Auge schon gar nicht mehr wahrnehmen. All diese Errungenschaften wären ohne den harten Freilandtest bis zur Belastungsgrenze, oft auch darüber hinaus, und gelegentlich auch mit tödlichen Folgen, undenkbar. Oder erst in Dekaden zu erwarten.

Wer an seinem privaten Auto den Katalysator ausbaut, die Federbeine sperrt, den Airbag deaktiviert, die Scheibenbremsen gegen Trommeln austauscht, das Sicherheitsglas gegen Fensterglas, die Einzelradaufhängung gegen Starrachsen, oder wer gar ganz auf Autos oder jedes durch Autos entstandene oder beförderte Gut verzichtet, der darf meinetwegen diese harten Worte in den Mund nehmen. Vom Rest würde ich mir wünschen, dass er über den Tellerrand hinausblickt: Dass unsere Fahrzeuge so sicher, zuverlässig und effizient funktionieren, dass nicht noch viel mehr Menschen auf der Straße ihr Leben lassen müssen, das haben wir auch solchen „Verrückten" wie Depping und Schaarschmidt zu verdanken. Es ist sicher nicht unangemessen, beim nächsten gelungenen Notmanöver einen kurzen Gedanken an sie zu verschwenden. Sie hätten es verdient.

Axolotl

Jeder von uns dürfte das kennen: Mitmenschen, die mächtig nerven. Nicht einmal, weil sie feindlich gesonnen sind, nein, in diesem Fall geht es um die Sorte Leute, die freundlich, nett, und knuffig sind, aber ansonsten die Weltsicht einer Weinbergschnecke und den Intellekt zehn Metern ungeteerten Feldweges haben. Kurzum: Jene, die mir schon auf die Nerven gehen, sobald sie nur Luft holen. Und auf deren Kommentare ich – ich gebe es zu – reflexhaft doppelt so verschnupft reagiere, als wenn jemand anderes sie geäußert hätte. Das Maß ist eben einfach voll.

Nun hat ein solcher Mitmensch – nennen wir ihn in dieser Geschichte Frieda – ein Faible für Frösche. Wo Frieda geht und steht, müssen Bilder von Fröschen aufgehängt werden, vorzugsweise cartoonhafte Darstellungen, denn wie wohl auch sie weiß, ist der Frosch an sich weder besonders niedlich noch in seiner Anmut mit dem Regenbogen zu vergleichen. Nun geschah folgendes: In unserer Cafeteria hangen naturlich auch Frosche aller Art, daneben der eine oder andere mehr oder weniger lustige Schnipsel aus der *Bild* oder der ADAC-Motorwelt. Wie eine Kaffeeecke überall auf der Welt halt aussieht.

Kultursnob, der ich bin, habe mir als seelisches Gegengewicht eine eigene Pinnwand eingerichtet; dort hänge ich gelungene Kolumnen aus der *Zeit* auf, dazu klassische Gedichte (ich liebe Rilke und Mörike) und gelegentlich eine treffliche Weisheit oder einen Dilbert-Cartoon. Neulich trank ich einen Kaffee und erschrak: Quer über "meiner" Pinnwand hing ein neuer ausgedruckter Frosch! Bildersturm und Ketzerei! Rilke entweiht! Bei genauerem Hinsehen entpuppte sich der Frosch als eine Art Molch mit seltsamem Kiemenwuchs und einem ungewöhnlich menschlichen, beinahe püppchenhaften Gesicht. Und natürlich ohne jeden erklärenden Kommentar. "Aha!", dämmerte es mir. Eines der Millionen Photoshop-manipulierter Bilder. Katzen mit viereckigen Augen, Pferde mit zwei Beinen, Pretzel the Dachshund, alles klar.

Vor meinem geistigen Auge formte sich die Szene: Frieda, ein "Och, ist der süüüüß!" glucksend und nicht ahnend, dass sie a) nicht kapierte, dass das eine Fotomanipulation ist, ein Fantasiewesen, b) sie damit die Grenze zum guten Geschmack (im wahrsten Sinne) überschritten hatte und Rilke mit ihrem dämlichen Molch entweiht hat. Wahrscheinlich wusste sie nicht einmal, wer Rilke ist! Sofort schwoll mir der Hals an. Hinfort mit dem dummen Ding. Ich nahm das Blatt, klebte einen Tesafilm an und – Patsch! – klatschte ich es an den unteren Rand der drohend wuchernden Frosch-sammlung. Asche zu Asche, Frosch zu Frosch! Zufrieden erzählte ich meinen begabteren Bekannten von der unerhörten Entweihung der Kulturecke und der erfolgreichen Entfernung und Verbannung in das Reich der Weinberg-schnecken.

Einige Tage später kam Erwin auf mich zu. Ein eher dezenter, seriöser Herr, mit dem ich mich gelegentlich unterhalte. "Haben Sie den Axolotl gesehen, den ich aufgehängt hatte? Ich dachte mir, das Tierchen würden Sie vielleicht interessant finden. Es ist in der freien Wildbahn eher selten und kommt meist in Abwassersystemen in Mexiko vor. Ist aber beliebt bei Züchtern, weil er leicht zu halten ist und so ungewöhnlich aussieht!" Ich lief knallrot an und musste mich danach erstmal eine Weile in besagte Cafeteria setzen und den Axolotl begaffen. Eine Bildungs-lücke hatte mich aufs Glatteis geführt und in meiner bornierten Pauschalisierung hatte ich eine ganz und gar

Unschuldige einer weiteren Dummheit verdächtigt. Auch wenn sie es durchaus hätte gewesen sein können, ich schämte mich und nahm mir vor, den Menschen mal wieder etwas unvoreingenommener und duldsamer entgegenzutreten. Ein guter Anlass dafür.

Anekdoten und Schmähungen

Lump

Das Wort "Lump" ist eigentlich viel niedlicher als die Leute, die wir damit bewerfen.

"Wer sich nicht lumpen lassen will, sollte am Tag der Altkleidersammlung besser zuhause bleiben!"

Atlas

Wenn Atlas die Welt auf seinen Schultern trug, worauf stand er eigentlich?

Redensart

"Der Spatz in der Hand…fällt selbst hinein!" … oder so ähnlich…

Blind

Liebe macht gar nicht blind. Das ist nur die Ausrede der Blinden.

Disharmonie

Bin ich eigentlich die einzige die ein Gefühl der Disharmonie spürt, wenn sie eine rechteckige Zeitung aufschlägt, welche sich "Kreisblatt" nennt?

Tankquittungen

In meiner Tasche war eine Flasche Mineralwasser ausgelaufen. Während ich den Inhalt zum Trocknen ausräumte, nutzte ich die Gelegenheit, um mal wieder auszumisten. Neben den üblichen Kreditkarten, Führerscheinen und Papiergeld fand ich eigentlich nur einen dicken Stapel durchweichter Tankquittungen, überwiegend von meiner Stammstrecke.

Was hatte ich nicht früher alles an Erinnerungsstücken im Portemonnaie: Fahrkarten einer Seilbahn, Kinokarten eines tollen Films, Eintrittskarten, Fotos der Lieben, Zeitungsschnipsel. Und heute? Aral und Shell. So betrachtet, scheint das Leben auf eine endlose Zahl von Tankvorgängen reduziert.

Spieltheorie

Gewinnen allein reicht nicht, die anderen müssen auch verlieren.

Aussetzer

Radioumfrage vorhin: "Habt ihr schon mal ein Tier ausgesetzt oder zurückgegeben?"

Ein junges Mädchen rief an und meinte: "Ja, meinen Kanarienvogel, aber der ist ja freiwillig gegangen, ich hab ja nur die Käfigtür offen gelassen!"

Ich frage mich, ob man die Wesensprüfung nicht bei den Besitzern statt bei den Tieren durchführen sollte.

Beethoven

Aus dem Familienkreis: "Ihr mit eurer Bildung! Ich hätte schon gar nicht die Zeit, den ganzen Tag Beethoven zu lesen!"

Meer 1

Können Fische feuchte Träume haben?

Meer 2

Können Fische sich die Blase erkälten, wenn sie im Feuchten schlafen?

Selbstkritik

"Wie würdest du das umschreiben, wenn jemand so aggressiv andere niedermacht?"
   "Stellvertretend selbstkritisch."

Strand-gut

Neulich im Radio: "Die Wasserqualität war durchgehend gut, lediglich 2 von 100 getesteten Stränden mussten gesperrt werden; die meisten davon in Italien."
   "Die meisten" von 2 ????

Englisch

"Die Schulungsunterlagen *One Point Lessons* zu nennen, finde ich unglücklich, wir sollten keinen unnötigen Anglizismus verwenden."

"Gut, wie wärs mit *How to do's*?"

"Ich glaube, Sie wollen mich nicht verstehen."

Traumfänger

Ich habe mich heute gescheut, auf dem Jahrmarkt einen indianischen Traumfänger zu kaufen. Was, wenn ich versehentlich von der Firma träume?

Erinnerungen

Heute habe ich einen Kollegen beim Smalltalk darauf gebracht, sich an ein schönes Erlebnis zu erinnern, an das er schon Jahre nicht mehr gedacht hatte. Ich konnte an seinen leuchtenden Augen direkt sehen, wie viel Freude ihm die zurückgewonnene Erinnerung machte. Zuletzt hatte er sich bei mir bedankt, dass ich ihn daran erinnerte und meinte, er sei Dank mir heute fröhlich. Einen schöneren Grund, einen Tag zu leben kann es eigentlich nicht geben, oder?

Betagt

"Lieber betagt als umnachtet."

Glücksspiel

"Glücksspiel kann süchtig machen!" – Kann Suchtspiel glücklich machen?

Verkehr

Ich habe zunehmend den Eindruck, die Online-Gamer tragen ihre Welterfahrung in den Straßenverkehr. Deutlich erkennt man drei Grundregeln des virtuellen Lebens auf der Straße wieder:

1. Nur ich bin echt, alle anderen sind NPCs (Non-Player-Character).

2. Die Kollision mit einem NPC kostet mich keine Lebenspunkte, ich rausche einfach durch diesen hindurch.

3. Wenn doch ein Wipe passiert, wache ich am nächsten Obelisken (Spawnpunkt, Friedhof) wieder auf.

Weltkonzern

"Sicher ist dies ein Weltkonzern, meine Herrschaften. Dritte Welt eben."

BWL

"Aber natürlich könnten wir diesen Betrieb auch nach dem Tageshoroskop führen. Es wäre wenigstens eine Art von Planung und damit ein Fortschritt."

Drogenbos

Ein Chemikalienhersteller mit einer seltsamen Adresse: Ein kleines Städtchen in Belgien mit Namen Drogenbos.

Sicher, etymologisch heißt das bestimmt nur Trockenbusch oder so, und hat zunächst nichts mit Drogenhandel zu tun. Aber wie in aller Welt soll ich mit diesen Leuten unterhalten, ohne immer Grinsen zu müssen?

Telekommunikation

Telekommunikation früher:

"Schatz, wunder dich nicht, wenn die Telefonleitung immer besetzt ist, unsere Tochter ist wieder stundenlang am Telefonieren!"

Telekommunikation heute:

"Schatz, wunder dich nicht, wenn die Bandbreite schlecht ist, unser Fernseher ist gerade im Internet und lädt sich Updates runter!"

Lichtblick

Im Winter unter einem Industriedach:

Von unten betrachtet sieht die Schneelast auf der Acrylglas-Überdachung drückend und schwarzgrau aus. Nur dort, wo ein Abzugsrohr mit seiner warmen Abluft ein Loch durch den Schneeteppich geschmolzen hat, sticht ein heller Himmelsfleck hindurch. Manchmal kann ich die Motten gut verstehen, die magisch angezogen auf jeden hellen Punkt zufliegen.

Niedergang

"Was für ein Niedergang eines technologieführenden Unternehmens! Früher hatten wir wenigstens noch billige Ausreden parat, heute haben wir nur noch hochwertige Ignoranz für den Markt übrig!"

Einsparungen

"Wir haben ein neues Einsparungsprojekt gestartet: Um endlich die Kosten für Kurierfahrten zu eliminieren, haben wir ein nachhaltiges Aktivkonzept für den Postversand implementiert. Ab jetzt wird die Post wieder in der örtlichen Postfiliale abgegeben."

"Aber die Versandabteilung hat doch gar kein Dienstfahrzeug mehr, das ist doch letztes Jahr aus Kostengründen wegrationalisiert worden. Wie kommt die Post jetzt zur Postfiliale?"

"Auch dafür haben wir eine Lösung gefunden: Das erledigt ab sofort ein Kurierdienst."

"Eine Runde Dilbert-Comics auf meine Kostenstelle!"

Eisenbahn

"Die Eisenbahn als Transportmittel für die Bevölkerung? Meine Herrschaften, seien Sie doch bitte nicht absurd: Ein ICE, halb voll mit Managern, die Bahntickets, teurer als eine Flugreise erfolgreich von der Steuer –und damit von unser aller Vermögen – absetzen können, das ist keine Eisenbahn, das ist Latte Macchiato auf Schienen!"

Leidenschaft

"Jetzt lieben wir uns schon so lange, da habe ich es eben geschafft, es zu dosieren!"

Leben

Zum Beginn der Motorradsaison

Eine Szene, wie sie jeden Tag vorkommt. Eine kurvenreiche Straße, eine scharfe Kurve mit einer kurzen Bremsspur. Die junge Motorradfahrerin muss in ihren letzten Momenten vor Angst gebremst haben, ein tödlicher Reflex. Rutschendes Hinterrad, Highside-Überschlag, ab in die Bäume. Ob sie die Kurve zu schnell anging oder ihr ein Fahrer im Gegenverkehr die Kurve schnitt, wird man nie erfahren. Und selbst wenn, so würde es nichts ändern.

Wir neigen in unserem gesicherten Wohlstand und Überfluss dazu, auch unsere Existenz als sicher gegeben zu betrachten. Dabei sind wir nur allzu endlich und zerbrechlich. Das Leben ist unser größtes Geschenk, vielleicht ist heute ein guter Tag, es zu würdigen. Ist heute nicht ein guter Anlass, sich beim Fahren zu konzentrieren, das Radio leise zu drehen, weniger aggressiv zu fahren, mit den Gedanken nicht in der Firma, sondern am Lenkrad zu sein?

Feucht(t)raum

"Souterrain mit Meeresblick… was wohl damit gemeint ist?"
"Ein vollgelaufener Keller, würd ich vermuten."

Camorra

"Wenn Sie so über Ihren Arbeitgeber reden könnte man meinen, Sie arbeiten für die Camorra."

"Nein, stimmt nicht, es gibt Unterschiede: Die Camorra arbeitet auf einem Ehrensystem und hat ein planvoll formuliertes Unternehmensziel."

Behauptung

"Am Markt behaupten? Das nennen Sie sich am Markt behaupten?

Sie gehen höchstens los und behaupten gegenüber dem Markt irgendwas unhaltbares, das ist aber nicht das Gleiche!"

Roofing

Heute Morgen sah ich einen Kleinlaster, offenbar der eines Dachdeckerbetriebes. Er war beschriftet mit "Direct Roofing Service", darunter die Schriftzüge "All Aspects Of Roofing" und "Always one step ahead". Kein verirrter englischer Lieferant, kein US-Army-Kennzeichen, sondern ein Frankfurter Kennzeichen und eine Frankfurter Vorwahl. Sogar das ehrwürdige Innungszeichen der Dachdecker fehlte. Sicher, Werbung soll vor allem auffallen und das tat sie. Aber ob sich der Sprachgebrauch so durchsetzen wird? Ich zweifle.

"Schatz, es regnet durch! Das Dach muss dringend neu gerooft werden!"

"Ok, ich roof… ehm… ruf gleich mal den Crafter an."

Mitarbeiterpotential

"Mit den Fertigkeiten, die Sie hier erworben haben, können Sie noch mindestens zwei Wettbewerber ruinieren."

Kontrastprogramm

In Hochstimmung stieg ich in meinen Wagen. Ich öffnete alle Fenster und ließ den Motor an, endlich Feierabend!

Dann klingelte der Wecker; ich hatte nur geträumt und musste hoch, zur Arbeit. Brutaler kann man nicht von der Wirklichkeit eingeholt werden.

SAP

Ein Kunde hat mir die wohl charmanteste Deutung für das Programm SAP geliefert: *Schreibs Auf Papier.*

Das ließ sich schwerlich abstreiten.

Wirtschaftskrise

In einem Meeting:

Produktionsleitung: "Bedanken möchten wir uns auch beim Verkauf, der im letzten Monat deutlich weniger Produktionsaufträge eingestellt hat, das hat unsere Arbeit enorm erleichtert."

Verkauf: "Vielen Dank, ich gebe das Lob an die Kunden, die nicht mehr bei uns kaufen, weiter."

Qi-Gong

Die meisten werden die traditionellen chinesischen Qi-Gong-Kugeln kennen, mit denen man diverse Fingerübungen zugunsten der Reflexzonen und –wenn man denn daran glaubt – des Gleichgewichtes von Yin und Yang vollführen kann.

Die wenigsten werden wissen, wie schön man stattdessen (eingeschränkt) Ähnliches mit einem Kaffeepad machen kann: Zum Beispiel kann man es vom Daumenballen bis auf die Fingerspitzen gleiten lassen, dann mit einer fließenden Bewegung wenden und wieder Richtung Handwurzel bewegen, das alles möglichst gleitend. Versucht es einmal!

Erfahrung

"Erfahrung? Pah, Erfahrung zu haben heißt einfach nur, bei der gleichen Sache die halbe Angst zu empfinden. Mehr nicht."

Ein erfahrener Kollege, der mich oft die halbe Angst empfinden ließ. Alter Wolf: Ich denke an Dich!

Nachtflug

Jenseits der Tragfläche ging die Sonne auf. Ein feuriger Streifen Karmesinrot schob das Nachtblau des Himmels langsam nach oben, dazwischen dämmerte es Amarantrot, Safran- und Schwefelgelb. Wir endlichen Menschen vergessen oft, wie unendlich schön unser Planet sein kann.

Verhandlungsgeschick

"Lagerbüro, guten Tag."

"Ja Hallo, eine Bitte: Uns ist das Kopierpapier ausgegangen, könnten Sie uns bitte welches vorbeibringen?"

"Ja, haben Sie denn die neue Vorschrift vergessen? Das Lagerpersonal ist kein Paketbote, das müssen Sie schon selbst holen."

"Ah, ich erinnere mich. Nun, dann sehe ich zwei Möglichkeiten. Entweder Sie lassen es trotzdem anliefern... oder...einer Ihrer Männer überlässt mir seinen Gabelstapler und ich fahre es selber, eine gültige Lizenz dafür habe ich."

"Ehm... reicht es, wenn wir es bis elf Uhr gebracht haben?"

"Aber natürlich, vielen Dank auch."

Missionarsstellung

Den Kirchen laufen die Mitglieder weg, das ist statistisch belegt. Erfahrung und Hörensagen berichten mir, dass die Missionarsstellung ebenfalls auf dem Rückzug ist. Ist da etwa ein gemeinsamer Trend zu vermuten?

Einladung

"Die Sonne scheint gerade auf das kleine Fleckchen auf dem Balkon, wo mein Stuhl steht."

"Eine Licht gewordene Einladung."

Dank an Thomas für die Inspiration

Presstechnik

Ich fahre oft an einer Fabrik für Presstechnik-Erzeugnisse vorbei. Ich ahne nur vage, was die wohl herstellen, aber ihre Lagerhalle trägt die einladende Beschriftung "Presstechnik Factory Outlet". In meinem Kopf formt sich eine Feierabendszene:

"Schatz, ich hab dir was mitgebracht!"

"Oh, Blumen? Du Lieber!"

"Nein, neue Presswerkzeuge, direkt vom Outlet Store. Da musste ich einfach zuschlagen. Ich hab sofort an dich gedacht, Liebes."

Gott

"Gott von Google Street View fotografiert?" lautete neulich eine Meldung der GMX-Nachrichten. Dazu ein verwaschenes Bild von einer Wolke mit etwas Buntem darauf.

Gott tut mir leid, immerhin ist ja die Einspruchsfrist schon abgelaufen.

Ole

Vor Jahren stieß ich Ole von Beust auf einem Hamburger Wochenmarkt meinen Ellenbogen in die Seite. Er stand im Weg, genau vor dem Gemüsestand, an den ich wollte. Neulich ist er doch als Hamburger Bürgermeister zurückgetreten. Ich finde, Politiker sollten mehr aushalten können.

Computerprofi

Neulich, auf einer Party, zur Gastgeberin: "Sag mal, wer ist eigentlich der unscheinbare Typ da hinten in der Ecke? Den kenn ich ja gar nicht."

"Ich auch nicht wirklich, aber ich hab ein Problem mit meinem Computer."

Abkürzung

Einer Bekannten gelang unbewusst die wohl bislang charmanteste Auslegung der Abkürzung "evtl.", nämlich "evangelisch Teelöffel".

Ich kann nicht umhin, sie dafür zu lieben.

Rettungsboot

Können Rettungsboote sinken? Und wenn ja, bräuchten sie dann nicht Rettungsbootrettungsboote? Und Rettungsboot-rettungsbootrettungsboote? Ich stelle mir das wie diese russischen Matrjoschka-Puppen vor.

Treue

Sarah meinte zu mir: "Alles, was weniger komplex ist als ein Mensch, kann auch treu sein." Ich weiß nicht, ob das so stimmt, aber es ist eine willkommene Gelegenheit zum Philosophieren in ruhigen Momenten.

Forsythienblüte

Neulich, beim Spaziergang, sah ich an einer Forsythie eine verfrühte Blüte. Eine Laune der Natur hatte, inmitten des Wintergraus, dieser Blüte einen irrtümlichen Frühstart beschert. Ich blieb stehen und musste lächeln, verzaubert von diesem Vorboten des noch fernen Frühlings. Wie mächtig die Zauberkraft eines so winzigen, scheinbar nichtigen Farbtupfers sein kann!

Mir wurde wieder bewusst, wie sehr das auch für uns selbst gilt: Man kann sich noch so unbedeutend, winzig und hilflos fühlen in einer abgestumpften, grauen Welt, und doch kann man jederzeit für einen bestimmten Menschen ein wundervoller Farbtupfer sein und eine Magie besitzen, die man sich niemals zugetraut hätte.

Kälteschutz

"Brrrrr... ist das frisch heute Morgen!"

"Ziehen Sie halt einfach mal einen längeren Rock an."

"Ehrlich gesagt optiere ich da lieber auf einen Bierbauch, der hält sicher auch schön warm. Oder stört Sie das beim Atmen?"

Lächeln 1

Wenn ich morgens beim Duschen etwas fester auf meine Duschgel-Flasche drücke, kommt ein Schwall kleiner Seifenblasen herausgeflogen. Es ist so leicht, den Tag mit einem Lächeln zu beginnen.

Bildungspolitik

Es ist durchaus nicht paradox, wenn Bildungspolitik Schule macht.

Leben

Reiner Instinkt ließ mich beim Anfahren den Fuß nochmal vom Gas nehmen. So rauschte der "Geisterfahrer" knapp vor meinem Kühler vorbei, statt mich seitlich mit über 120 zu rammen und in kleine Stücke zu reißen. Meine Überreste hätten mit hoher Wahrscheinlichkeit in einen Schuhkarton gepasst.

Das Leben ist schon deshalb so wertvoll, weil es endlich ist. Unser kluges Gehirn weiß das, aber es braucht seltsamerweise immer wieder solche Anlässe, um es auch zu begreifen. Wie schön einem danach eine simple Tulpe vorkommen kann, und wie nichtig eine dumme E-Mail, über die man sich am Vortag noch aufgeregt hat. Leben heißt dankbar sein.

Marktdesorientierung

"Hier, dieser Kunde gibt es uns sogar schriftlich! Wir haben keine Innovationen!"

"Das ist nur halb richtig."

"Wie meinen Sie das?"

"Wir haben schon Innovationen, jede Menge sogar. Nur gehen sie am Markt vorbei. So arbeitet ein Weltkonzern nun einmal."

Sicht-Weise

"Guck mal, an dieser Stelle ist der Strand ganz schmal!"

"Nein, hier ist das Meer einfach nur breiter!"

Alkohol

"Ich trinke lediglich in Gesellschaft. Was kann ich dafür, wenn die Nachbarn so dicht bauen?"

Nachrichtenlandschaft

"Mein Firefox hat neulich einen prophetischen Anzeigefehler produziert."

"Welchen denn?"

"Er hatte beim Aufruf der ARD-Nachrichtenseite nur noch die Überschriften und Bilder angezeigt."

"Und was ist daran jetzt prophetisch?"

"Jetzt haben sie das Design "verjüngt" und die neue Seite sieht fast genauso aus. Nur noch Bilder und zwei Zeilen Text."

Schönheit

Christina sagte mir: "Alles wahrhaft Schöne ist nicht von Menschenhand gemacht."

Ich mag es, über diesen Satz nachzudenken, wieder und wieder.

Bürgerrechte

Unruhen in der Türkei. Teils friedlich, teils eskalierend, aber auch die Polizei geht mit unglaublicher Härte gegen die eigenen Mitbürger vor, so dass manche Korrespondenten von bürgerkriegsähnlichen Zuständen sprechen.

Dann ein Ultimatum des Ministerpräsidenten: Wer morgen auf dem zentralen Platz demonstriere, werde als Terrorist betrachtet. Neben der bodenlosen Beugung von Recht und Gesetz und der übersteigerten Vorstellung von Machtbefugnissen ist dies auch eine rechtliche Aussage. Ein Terrorist wird – in der Türkei ebenso wie in Deutschland – rechtlich anders gestellt als ein Demonstrant.

Mir kommt ein anderer Gedanke. August 2012, das Bundesverfassungsgericht erklärt den Einsatz der Bundeswehr im Landesinneren in zwei Ausnahmefällen für begrenzt rechtmäßig:

Naturkatastrophen und Terrorismus. Ich erinnere mich gut an die Aussagen vieler: "Das ist doch nichts, was einem Angst machen kann, ein guter Bürger hat doch da nichts zu befürchten!"

Sicher, die Türkei kann und darf hier nicht außerhalb des Kontextes mit deutscher Politik und deutschem Verfassungsrecht verglichen werden.

Dennoch: Es zeigt sich, wie schnell man vom demokratisch inspirierten Demonstranten zum Terroristen wird. Wie naiv manche Menschen doch sind.

Flame

Wo sich Dänen dehnen, können sich auch Flamen flamen.

Mitleid

"Haben Sie schon gehört von diesem Fußballspiel, das abgesagt wurde, weil der Schiedsrichter kurz vorher einen Selbstmordversuch unternommen hat? Wie furchtbar!"

"Ja, allerdings. Besonders blöd für die Fans, die mit der Bahn angereist sind."

Eifersucht

"Es ist eigentlich nicht die Aufgabe, keine Eifersucht zu empfinden, sondern mit ihr umgehen zu lernen."

Stephan Chavez

Maisauto

Könnte man Autos aus Mais bauen, hätten sie dann auch einen Kolbenmotor?

Alltag

Der Alltag besteht aus einer Aneinanderreihung kleiner, sich wiederholender Wunder. Sie sind nur deswegen gering in unserer Wahrnehmung, weil sie immer wieder passieren. Das macht sie aber nicht weniger wunderbar. Wer das versteht, für den ist das Leben unendlich reichhaltig. Für denjenigen kann eine Haselnuss ebenso faszinierend sein wie eine Weltreise.

Völkerverständigung

Weihnachtsmarkt in Frankfurt. An einer abgewandten Ecke einer Pommesbude hing ein verwaschener unscheinbarer Zettel. Ein chinesischer Student schrieb von einem japanischen Mädchen, dem er auf dem Frankfurter Hauptbahnhof begegnet war. Er hatte keine Kontaktdaten von ihr, mochte sie aber wohl. Nun will er sie wiederfinden und bittet die Öffentlichkeit um Hilfe.

Die Politiker beider Länder ringen seit Jahrzehnten mehr oder weniger bemüht um eine Völkerverständigung. Diese Pommesbude sollte ein Vorbild für so viele Völker dieser Welt sein.

Reichtum

"Reichtum empfindet man, besitzt ihn jedoch nie. Wem das nicht klar wird, der jagt ewig Nichts hinterher."

Henning Hahn

Management

Als ich jung und ambitioniert war, dachte ich, Topmanager seien nicht mehr als verhaltensauffällige, planlose Kindsgemüter, Nieten in Nadelstreifen ohne Visionen, die sich nur auf das Herrschen als Selbstzweck konzentrieren können.

Später, als ich ins Berufsleben einstieg, dämmerte mir, dass es nur eine listig gepflegte Fassade der Profis war.

Heute, nach zehn Jahren im mittleren Management bin ich wieder so schlau wie am Anfang.

Datenschutz 1

Aus einem Interview der ARD mit Jacob Appelbaum, US-Journalist und Internetaktivist gegen Datenmissbrauch:

"Da gibt es zum Beispiel dieses egoistische Argument: Ich habe nichts zu verbergen. Es mag ja sein, dass ich nicht krank oder blind bin. Aber trotzdem will ich in einer Welt mit Krankenhäusern leben und in Straßen, die auch für Blinde zugänglich sind.

Und genauso möchte ich in einer Welt leben, in der jeder seine Privatsphäre hat und dadurch Unbescholtenheit, Vertraulichkeit und Würde im Alltag – ohne jemanden danach fragen zu müssen, ohne einen Herren danach zu bitten. Es könnte nämlich passieren, dass er dir das nicht zugesteht. Dann stellst du fest, dass du nicht frei bist."

Geschäftswelt

Man soll nicht die Hand schlagen, die einen füttert.

Aber man muss auch nicht die Hand füttern, die einen schlägt.

Garagentor

"Es gibt Leute, die scheinen ihr Auto durch Abhärtung winterfest machen zu wollen. Oder sie veranstalten einen unbemannten Garagenflohmarkt als Non-Profit-Center."

"Was meinst du?"

"Die Nachbarn haben vergessen, ihr Garagentor zu schließen."

Fitnessfetisch

Bei Walter Moers' zamonischen Romanen "Die 13 1/2 Leben des Käpt'n Blaubär", "Stadt der träumenden Bücher" und "Der Schrecksenmeister" ist mir eine Gemeinsamkeit der Hauptfiguren aufgefallen:

Sowohl Blaubär als auch Hildegunst von Mythenmetz und die Kratze Echo durchleben im Verlauf der Handlung eine deutliche Gewichtsabnahme, die sie ihre Abenteuer besser bestehen lässt.

Hat Moers vielleicht einen Fitness-Fetisch? Ist das noch jemandem aufgefallen, der die Bücher kennt?

Anleitung

Heute Morgen, auf einer Packung mit Aufschnitt: "Zum Belegen einer Scheibe Brot oder eines halben Brötchens."

Übertriebene Angst vor Regress? Oder Kapitulation vor der so lang herbeigesehnten Unselbständigkeit der Bürger? Eltern haften für ihre Kinder.

Natürlich

"Im Radio heißt es schon wieder, die allerneueste Castingshow-Tante sei so absolut 'natürlich'. So wie alle anderen auch. Man kommt sich selbst schon fast unnatürlich dagegen vor. Aber was genau meinen die nun mit 'natürlich'?"

"Höchstens eine Cupgröße dazuoperiert vor Veröffentlichung der ersten Single."

Erdbeeren

Im Supermarkt fiel mich ein Schild an: "Neu: Geschmacks-Erdbeeren". Sicher, Erdbeeren die außerhalb der Saison aus Weitfortistan eingeflogen werden, schmecken oft nicht sehr aromatisch. Aber ein Outing des eigenen Restsortimentes, nur um eine Premium-Qualität zu betonen, sieht mir nach einer Verzweiflungstat aus.

Gemeinsamkeit

"Meine Damen und Herren, was ist die Gemeinsamkeit zwischen dieser Firma und einer Tafel Ritter Sport? Richtig, beide kann man knicken!"

Selbstvergessenheit

Das ungeduldige Antippen eines Kollegen riss mich heute aus meinem vertieften Grübeln über eine Definition der Selbstvergessenheit.

Negativ

Ich habe einen seltsamen Verschreiber, der mir immer wieder unterläuft: Immer, wenn ich das Wörtchen "noch" schreiben will, laufe ich Gefahr, unversehens "nicht" einzutippen. Bin ich ein negativer Mensch? Eine Schwarzseherin? Gar der Geist, der stets verneint? Teuflisch.

Datenschutz 2

Heute, im Radio, nach einem Beitrag über Internet-Stalking und Datenmissbrauch: "Wie sehen Sie, liebe Hörer, die Bedrohung durch Datenmissbrauch? Diskutieren Sie mit uns auf HR3 in Facebook, registrieren Sie sich unter www.hr3.de"

Lächeln 2

Lächeln ist Musik, die man nicht hören kann.

Weihnachtsgruß

Winston Churchill hat einmal gesagt:

"All of the great things in the world are simple and can be expressed in one word: Freedom, Justice, Honor, Duty, Mercy and Hope."

Sicher ist dies in einer anderen Zeit gesagt worden und mit einem anderen Hintergrund. Dennoch ist viel Wahres daran, finde ich. Manche dieser Dinge sind zwiespältig, leicht zu missbrauchen oder schwer zu erringen. Und vielleicht kann man auch noch Dinge hinzufügen, die einem persönlich wichtig sind. Dennoch: Kein Mensch kann auf Dauer ein glückliches Leben führen ohne diese einfachen, großen Dinge.

Lasst uns also in diesen Tagen nachdenken, wonach wir wirklich streben sollten und diese einfachen, großen Dinge mit denen teilen, die noch suchen.

Ein frohes Fest allen

Paradox

Es klingt im Wortsinne echt paradox, wenn ein Fleischer Innereien veräußert.

WLAN

"Gut, dass wir hier WLAN haben, so konnte ich eben schnell bei Wikipedia nachgucken, wie es richtig heißt. Ich war da wohl auf dem Holzweg, aber ich kann ja noch aus Fehlern lernen."

"Du meinst, aus WLAN lernen."

Soziophob

"Ach so, der Andi nennt dich soziophob? Ehm, kannst du uns bitte erklären, was das bedeutet?"

"Kann ich, aber tu ich nicht, ich mag euch nicht."

Fahrer-Talent

Ein Kleintransporter eines Reifendienstes stand vor mir in der Warteschlange vor einer Ampel. An seiner hinteren rechten Ecke war die Stoßstange tief eingebeult, ein typischer Rangierschaden. Auf der Heckklappe befand sich ein großer Aufkleber mit einem Stellenangebot der Firma. Die Überschrift lautete: "Fahrer-Talent gesucht!"

Wie wahr.

Atomkraftwerk

Vorhin sagte ein Nachrichtensprecher im Radio statt "Atomkraftwerk" so etwas wie "Agromraftwerk".

Ist die beschlossene Energiewende schon so weit fortgeschritten, dass sogar das Wort nicht mehr korrekt in den Köpfen steckt? Meinungsbildung kann so spannend sein!

Angriffslustig

Ist es nicht paradox, wenn eine frisch nominierte Verteidigungsministerin als "angriffslustig" charakterisiert wird?

Weihnachtsmann

Wenn wir erwachsen werden, verlieren wir irgendwann den Glauben an den Weihnachtsmann. Wir sind mit dieser Erkenntnis sehr zufrieden und nutzen den Begriff "Der glaubt doch noch an den Weihnachtsmann!" gar als Schmähung vermeintlich naiver Menschen. Sobald die gleichen Menschen ein kleines Kind befragen, freuen sie sich jedoch ein Loch in den Bauch, wenn es noch dem Irrglauben an den Weihnachtsmann anheimfällt.

Ich muss oft darüber nachdenken, warum eine bewusste Täuschung bei Erwachsenen anders wahrgenommen wird als bei Kindern. Bis ich alle Aspekte wieder einmal durchgekaut habe, sind die Festtage auch meist schon vorbei.

Todsünden

Die klassischen Todsünden des Katechismus kennen die meisten von uns, und sei es aus Film und Fernsehen. Es gibt aber auch modernere Denkansätze. Mahatma Gandhi hat die sieben Todsünden der modernen Welt wie folgt definiert:
– Reichtum ohne Arbeit
– Genuss ohne Gewissen
– Wissen ohne Charakter
– Geschäft ohne Moral
– Wissenschaft ohne Menschlichkeit
– Religion ohne Opferbereitschaft
– Politik ohne Prinzipien

Schwanengesang

Des Öfteren hänge ich mir interessant scheinende Artikel aus der *Zeit* am schwarzen Brett unserer Cafeteria aus. Zuletzt hing dort ein Artikel über das misslungene Comeback von Amy Winehouse. Es ging um die Tendenz und Ursache gescheiterter Comeback-Versuche allgemein. Winehouses verpatzter Auftritt in Belgrad, bei dem sie jüngst noch über die Bühne torkelte. Es fiel der Hinweis, dass manche, wie Michael Jackson es schon gar nicht mehr lebend auf die Bühne geschafft hätten.

Weil er schon einige Zeit hing, habe ich am Freitag diesen Artikel heruntergenommen und in den Müll geschmissen. Am Samstag darauf war sie tot. Natürlich hat es nichts miteinander zu tun, aber irgendwie habe ich ein seltsames Gefühl der Ernüchterung dabei.

Partnerschaft 1

Sag mal… ich hätte Lust, mal was ganz neues im Bett auszuprobieren, was wir noch nie gemacht haben…"

"Du willst im Bett frühstücken?"

Freundschaft

"Freundschaft bedeutet nicht, einander nie wehzutun. Freundschaft bedeutet, dass man sich wehtun kann, ohne dass es auch nur das Geringste im Herzen ändert."

Stephan Chavez

Partnerschaft 2

"Schatz, ist es nicht toll, dass wir uns auch nach zehn Jahren noch in den Armen liegen können und es kribbelt?"

"Ach, ist dein Arm auch eingeschlafen?"

Doping

Egal ob Frauenfußball, Schwimmen und natürlich die Tour de France: Wenn bei internationalen Wettbewerben die Sieger ohnehin erst nach der Disqualifizierung der Doping-sünder endgültig feststehen: Warum lässt man die eigentli-chen Wettbewerbe nicht unter Ausschluss der Öffentlichkeit stattfinden und überträgt stattdessen die Dopingkontrollen live, weltweit und mit den üblichen Werbeeinblendungen?

Zeitlos

Irgendwie klingt es merkwürdig, wenn man ausgerechnet von einer Armbanduhr sagt, sie hätte ein zeitloses Design.

Umgangsformen

Gespräch unter Laborkollegen:
"Ich würde gerne einige Testprodukte entsorgen lassen, damit wir Lagerplatz gewinnen. Da wären auch ein paar alte Ansätze von Ihnen dabei. Wäre das in Ordnung, Herr Kollege?"
"Ja, sicher. Überhaupt kein Problem, liebe Frau Kollegin."
"Ich wollte mich nur mit Ihnen abstimmen, damit Sie die Bestände im Blick behalten."
"Das ist sehr freundlich von ihnen."
"Im Grunde möchte ich nur eine Charge meines selbst entwickelten Produktes behalten, immerhin ist es das einzige gewesen, das in den letzten Jahren auch etwas getaugt hat."
"Blöde Kuh."

Versagen

"Meine Herrschaften! Sehe ich diesen Betrieb, fallen mir immer große Zugunglücke und ähnliche Katastrophen ein. Dann jedoch nehme ich das meist schnell zurück. Die meisten Zugunglücke basieren nämlich auf menschlichem Versagen. Versagen sehe ich hier recht häufig, das Menschliche hingegen kann ich hier lange suchen!"

Perfekt

Heute las ich in einer Internetwerbung: "Sind Sie auf der Suche nach dem perfekten Partner?", darunter die Buttons *Ja*, *Nein*, *Vielleicht*.

Wie kann man eigentlich "vielleicht" auf der Suche nach etwas Perfektem sein? Ein Widerspruch in sich.

Geschäftsführung 1

"Meine Damen und Herren, machen wir uns nichts vor: Dies ist keine Geschäftsleitung, sondern ein unchristliches Lumpenpack! Moralisch gesehen ist mir jeder Straßenräuber lieber."

Geschäftsführung 2

"Es ist doch so: Bei den vielen Wasserköpfen, die sich in dieser Firma festgesetzt und vermehrt haben, würde sich mittlerweile eine Drainage anbieten."

Dimensionen

"Mist, schon wieder den Aufkleber falsch herum in den Drucker eingelegt! Seit dieser Drucker existiert, glaube ich fest daran, dass es mehr als drei Dimensionen gibt, denn sonst hätte ich längst wenigstens EINEN Aufkleber richtig herum bedruckt!"

Vertrauen

Vertrauen ist nicht selbstverständlich, manchmal sogar seltener als Gold. Wir suchen nach den entlegensten Orten im Universum, den kostbarsten Rohstoffen und den gediegensten Kunstwerken. Und doch verwenden wir nur selten die gleiche Energie darauf, den Schatz des Vertrauens zu finden und zu hüten.

Vielleicht, weil Vertrauen eine Form von Liebe ist und damit die gleiche kuriose Eigenschaft besitzt, nämlich sich erst zu vermehren, wenn man es verschenkt?

Geschäftsführung 3

"Erwarten Sie hier keine Professionalität, genauso gut könnten Sie den Pförtner nach dem Bernsteinzimmer fragen."

Mich erinnern diese Verhandlungspartner an Pokerspieler, die sich an den Tisch setzen, keine Karten in der Hand halten und mit breitem Grinsen erklären „Ich gehe mit und erhöhe um 100!"

Seismik

"Schon gesehen? Dr. T. hat jetzt eine App auf seinem iPhone, mit dem er seismische Erschütterungen aufzeichnen kann. Seitdem klopft er ständig mit den Fingern auf den Tisch, wenn das Ding drauf liegt."

"Mh, mag ja sein, aber die Einschläge kriegt er trotzdem nicht besser mit."

Individualität

"Sicher ist jeder Mensch anders. Aber warum so anders anders? Warum nicht genauso anders wie ich?"

Allmacht

Wenn Gott allmächtig ist, kann er sich dann ein Ding erschaffen, das er selbst nicht mehr anheben kann?
Ist der dann noch allmächtig? Oder gerade deswegen?

Medienhype

Zur Zeit der Frauenfußball-WM:
Ein Radiomoderator auf hr3 sagte heute zu seinem Kollegen etwas, das sehr tief blicken lässt. Die Fußball-WM der Frauen, mitsamt ihrem zelebrierten Medienhype von *Bild* bis *Playboy* war vorbei, die Deutschen (Deutschinnen?) keine Weltmeisterinnen.
"Darf ich Frauenfußball jetzt wieder nicht mehr toll finden?"

Magnetismus

"Diese Magnete sind komischerweise grundsätzlich erst ab Herbst lieferbar."
"Vielleicht ist im Herbst Erntezeit auf den Magnetfeldern?"

Weissagungen

Weissagung der Cree-Indianer:
    Erst wenn der letzte Baum gerodet,
    der letzte Fluss vergiftet,
    der letzte Fisch gefangen ist,
    werdet ihr merken,
    dass man Geld nicht essen kann!

Weissagung der Massen-Entlassenen:
    Erst wenn der letzte Entwickler entlassen,
    die letzte Hoheit an die Bürokraten abgegeben,
    das letzte Produkt nach China outgesourct ist,
    werdet ihr merken,
    dass man Verwaltung nicht verkaufen kann!

Proaktiv

"Liebling, heute koche ich mal!"
    "Oh fein! Was gibt es denn?"
    "Proaktive Schnitzel."
    "Was.. soll ich mir denn darunter vorstellen?"
    "Das Verbrannte musst du selbst abschneiden."

Smartphone

"Ich sehe was, was du nicht siehst: Und zwar ist hier einer im Bus, der NICHT mit seinem Smartphone herumspielt!"
    "Hmmm… ich weiß! Der Fahrer!"
    "Mh, war zu offensichtlich, was?"

Wohlstand

Wirklich reich ist erst derjenige, der gelernt hat, was er alles nicht braucht.

E-Book

Mein E-Book hat selbstverständlich eine Datums- und Zeitanzeige, im Lesemodus ist sie jedoch konsequent nicht eingeblendet. Es mag sein, dass das E-Book als Totengräber des "klassischen" Buches verdammt wird (ist das eigentlich auch so gewesen, als das "klassische" Buch den Papyrus abgelöst hat? Und der Papyrus die Keilschrifttafeln?). Dieses Detail beweist aber immerhin, dass es von Leuten designt wurde, die Bücher und Lesen lieben, und nicht von Designern modischen Elektronik-Schnickschnacks.

Getreu dem Ausspruch Ezra Pounds: "Lesen, indes der weiße Flügelschlag der Zeit uns streift, ist das nicht Seligkeit?"

Kinder

"Wir haben einen echten Produktionsengpass. Ich verstehe einfach nicht, wie die Produktionsleitung einfach 30% der Arbeiter gleichzeitig in Urlaub schicken konnte."

"Ich schon. wir haben nämlich Schulferien. Das sind genau die 30% der Kollegen, die es im Gegensatz zu Ihnen noch wagen, Kinder zu haben statt einen Q7. Die sorgen dafür, dass es auch morgen noch genug Arbeiter gibt, die Sie ausbeuten können."

Mutti

Heute spazierte ich auf dem Hof an einem LKW der "Mutti"-Spedition aus Italien vorbei. Am Steuer, hinter der geöffneten Fahrertür, saß der Fahrer und aß sein Pausenbrot. Ein durchaus gutaussehender Kerl, mit südländischem Einschlag, recht stattlich gewachsen, wohl ein Italiener. Er sah so selbstsicher und irgendwie heldenhaft hinter dem Volant seines gewaltigen MAN aus. Wenn dieser arme stolze Mann nur wüsste, was man hierzulande unter "Mutti" versteht, hätte er sein Pausenbrot sicherlich in einer einsameren Ecke verzehrt.

Webstuhl

Ist es nicht paradox, dass man mit einem Webstuhl nicht ins Internet kommt?

Stoßgebet

Gott, lass mich nicht verzweifeln an
dieser Welt die ich nicht ändern kann

Massage

"Dieses Massagegerät ist fast so gut wie eine echte Masseurin."
"Ach ja? Und inwiefern das?"
"Die Bedienungsanleitung ist auf Thailändisch."

Gerechtigkeit

Mitten in der Nacht fuhr ich an einer Unfallstelle auf der Autobahn vorbei. Erst am nächsten Tag erfuhr ich, dass da ein Betrunkener mit hoher Geschwindigkeit einen anderen Wagen gerammt hat, in dem dann ein Mann und seine hochschwangere Frau verbrannten. Der Verursacher hat keine Schramme abbekommen.

Es gibt Tage, an denen ich an Gottes Sinn für Gerechtigkeit zweifle, somit auch an Gott selbst. Dies ist einer davon. Dann aber wird mir klar, dass dies nichts miteinander zu tun hat und Gottes Gerechtigkeit anfängt, wo unsere aufhört. Im Moment ein schwacher Trost.

Geschäftsmoral

"Meine Damen und Herren, machen wir uns nichts vor: Dass diese unsere Firma Kunden hat, ist zwar wirtschaftlich angenehm, aber moralisch nicht vertretbar. Der Wettbewerb verzichtet auf Ignoranz und Inkompetenz und muss sich dennoch mit uns herumschlagen, das widerspricht meinem Gerechtigkeitsgefühl."

Hasen

Eine Werbeaufschrift an einem Omnibus. Ich erinnere mich schon nicht mehr, wer da wofür warb, aber die Adresse der Firma in Oberursel stach mir ins Auge: „An den drei Hasen 4". Gewiss, ein idyllischer Name, aber mein mathematisches Harmonieverständnis fühlte sich gestört.

Entwicklungsländer

"Meine Damen und Herren, von der Politik wird immer gefordert, wir sollten unsere Distanz zu den Entwicklungsländern abbauen. Wenn ich mir diese Firma ansehe, dann sind wir zumindest technisch sehr nah an dieser Vorgabe!"

Szenario

"Buah, dieses Hotelfrühstück war wirklich der GAU, die Geschmackloseste Anzunehmende Unzumutbarkeit!"

"Ja, sozusagen ein Wurst-Käs-Szenario."

Sehtest

Szene beim Augenarzt:

"Können Sie wenigstens DIESEN Buchstaben lesen?"

"Mh nein, ich glaube nicht… ein E vielleicht? Können Sie es nicht noch ein wenig größer machen?"

"Bedaure, der Raum ist dafür nicht hoch genug!"

Schweigegelübde

"Du, ich hab von Freunden gesagt bekommen, ich sollte nicht immer alles in mich reinfressen. So, dass ich einfach mal sage, was ich so denke… wie nennt man das?"

"Bei dir? Schweigegelübde."

Museum

"Meine Damen und Herren, was haben diese Firma und das Deutsche Museum gemeinsam? Richtig, beides sind Non-Profit-Center."

"Und was ist der Unterschied? Richtig, wir haben die ältere Ausrüstung!"

Winterromantik

„Also, für mich fängt jetzt, wo die Tannen so hübsch verschneit sind und die Berge ringsum schneeweiß, erst der richtige Winter an. Wie erlebst du diese Zeit?"

„Die Leute fahren noch beknackter als sonst, und ich muss häufiger auf Klo."

Alter

„Du siehst toll aus, man sieht dir dein Alter kein bisschen an! Fühlst du innerlich einen Unterschied zu früher?"

„Ein wenig: Die Luft, die mir heute in den Lungen fehlt, ist in die Verdauung gewandert."

Kleinbus

Wenn ein Kleinbus verunglückt, ist das dann ein Kurz-und-Kleinbus?

Häschen

"Ich habe mir Ihre Schulungsunterlagen durchgelesen."

"Oh, schön."

"Auf der Seite 10 ist ein Häschen abgebildet."

"Ja."

"Ein Häschen, nichts weiter, ohne Bezug zum Lernstoff."

"Ja, und?"

"Wir sind ein ernsthaftes Unternehmen. Wozu soll das gut sein?"

"Als Lesebestätigung. Es zeigt mir, dass Sie zumindest bis zur Seite 10 gelesen haben, das ist mehr Feedback, als ich bislang von Ihnen bekam."

Glück

„Alle glücklichen Familien sind einander ähnlich; aber jede unglückliche Familie ist auf ihre besondere Art unglücklich." So lautet der erste Satz in Leo Tolstois berühmtem Roman „Anna Karenina". Der Satz macht mich nachdenklich. Setzt man den Begriff *Familie* mit *Menschen* gleich (was man nicht tun muss) und zieht ihn andersherum auf, so kommt eine ganz erstaunliche Idee zutage: Da Menschen zwar verschieden sind, im Glücklichsein jedoch ähnlich, ist Glück kein individuelles, sondern ein universales Gut. Unglück hingegen wäre demnach jedoch individuell für jede betroffene Person.

Bedeutet dies etwa, dass man *das Glück* nicht finden kann, sondern es vielmehr aus der Abwehr des jeweiligen Unglückes besteht? So, wie es auch physikalisch gesehen keine Kälte gibt, sondern nur die Abwesenheit von Wärme?

Ist dies etwa der Grund, dass gerade Menschen in einfachsten Verhältnissen oft viel glücklicher sind? Nur ein Gedankenspiel, aber eines von enormer Tiefe tut sich da auf, das mich noch lange beschäftigen wird.

Personalplanung

"Wie diese Firma ihre Personalplanung betreibt? Ich will es Ihnen anhand einer Rechenaufgabe erklären: Stellen Sie sich einen Linienbus vor, der mit fünf Fahrgästen unterwegs ist. An der nächsten Haltestelle müssen acht von ihnen aussteigen. Wie viele Fahrgäste müssen an der übernächsten Haltestelle zusteigen, damit der Bus wieder leer ist?"

Danksagung

Leben heißt dankbar sein. Dennoch möchte ich mich an dieser Stelle besonders bedanken bei: Meiner weit besseren Hälfte für Geduld und Leidensfähigkeit. Sylvia für die (fast) vergessene Kunst des Buchsatzes. Mike für die zahllosen Ermutigungen, dies hier zu veröffentlichen. Henning für die berührende Inspiration zu vielen Gedichten und dafür, dass ich seine Muse sein durfte. Annika für so viele Gelegenheiten, zu philosophieren. Alex für den Einstieg in die Kneipendichterei und viele Projekte Überhaupt. Meinem Arbeitgeber für die inspirierendste aller Inkompetenzen. Simonetta für ihr simples Geheimnis vom Paradies.

Sylvia van Wijhe im BoD Verlag:

Sternenpendler
Die Abenteuer der Astrogatorin Rafale Goeland

In einem fernen Universum, zu einer unbekannten Zeit, hat sich der Mensch das weite All untertan gemacht. Man fliegt im Hyperraum, löst die komplexesten Aufgaben und baut die ausgefeiltesten Maschinen.

Und doch: In allem steckt der Mensch als Erschaffer, und mit ihm seine Fehler. Die erfahrene Astrogatorin Rafale Ghauri Goeland weiß davon ein Lied zu singen, denn die Fehlerquelle Mensch begleitet sie auf all ihren Abenteuern:

In der Geschichte „Freier Fall" steckt der Teufel im Detail. Ein tragischer Unfall in einem geheimen Rüstungs-projekt nötigt die Heldin zu einem Wettlauf mit der Zeit, den sie gewinnen muss, um nicht selbst Opfer eines winzigen Fehlers zu werden.

Um fehlerhafte Ethik geht es in der Krankenhaus-Krimi-Komödie „Kratzen im Hals". Mit Symptomen einer Infektion begibt sich Rafale in die Obhut von Ärzten, doch die Behandlung mündet in einen mörderischen Albtraum.

In den Kurzgeschichten „Nufa Libre" und „Alles war perfekt" erliegt die quirlige Protagonistin schließlich selbst ihren feucht-fröhlichen bis sinnlichen Irrtümern.

ISBN 978-3-7386-1158-8